公安情報

井上太郎
@kaminoishi

青林堂

はじめに

『日本のために』『諜報機関』『井上太郎の最前線日記』『豊洲利権と蓮舫』に続き、井上太郎《いのうえたろう》5冊目の著作です。

この日本を永遠に歴史戦で追い込むために中共は、「社会科学院」という歴史捏造《ねつぞう》機関を作り、南北朝鮮は「世界抗日連合」という機関を作り、世界中の反日組織や日本の反日団体と連携をして、反日の歴史を続け繰り広げています。

本著作は、はっきり申し上げて「嫌韓・嫌中」「マスメディア批判」本です。井上太郎ならではのマスメディアが報じない、一般国民が中々知り得ないことを期待に応えて書きました。仮にヘイトだと言われようが、嫌いなものは嫌い、内心の自由です。その理由をできるだけ多くの方に知っていただくことは、私の言論表現の自由です。

日本人として、決して朝鮮人を差別しているのではなく、嫌いになり出て行けとまで言いたくなる原因を明らかにすることが、たどれば日本人としての愛国心につながり、私のモットーである「日本のために」になると確信をしています。さらに日本におけるマスメディアの弊害《へいがい》、反日体質の原因を明らかにすることにより、読者の方々の情報入手そして判断と、より正確な分析ができるようになると思います。

日本国民の一般的な半島及び朝鮮人に対するイメージは、マスメディアと南朝鮮のプロパガンダにより作られた虚像である、ということを認識する必要があります。「差別だ！」「差別して良いのか！」「なぜ、差別するんだ！」と朝鮮人、左翼やマスメディアが叫ぶと、「差別しているわけじゃない、区別だ」とか言いながらも、中々きちんと反論できる人が一部の人に限られてしまいます。朝鮮人を「差別することはいけないことだ」というイデオロギーに、自《みずか》らがはまっているのではないでしょうか？　だから反論できないのであり、それこそがマスメディア並びに南朝鮮のプロパガンダに、洗脳されている証拠であると言わざるを得ません。

差別とは、歴然たる「差」があるのですから、当然だとは思いませんか？　差別は犯罪ですか、差別が悪いことだなんて誰が決めたのでしょうか？　それくらいの気持ちを持ったとしても、決して罪でもなければ責められることでもありません。

半島人並びに在日朝鮮人と、日本人？　だと思われるのになぜか彼らの味方をする人たちは、日本人の「彼らに対する怒り」を勝手に解釈して「差別」だと思い込んでいるようです。しかし決して差別というわけではありません。差別とは正当な理由もなく、国や人を嫌うことだと思いますが、日本人が半島人や在日朝鮮人を嫌う、正当な理由はいくらでもあります。現在の在日朝鮮人による反日的言動はもちろん、敗戦後の日本のGHQ占領期間中に、在日朝鮮人が言ったこと行ったことを日本人は絶対に忘れません。さらに南朝鮮政府が竹島を武力で占拠したこと、李承晩《りしょうばん》ラインを引いて日本漁船を拿捕《だほ》したことも忘れません。日本人の多くは、在日朝鮮人が現在も組織的に巨額の脱税をして、それによって得たお金を南北それぞれの祖国に送金をしていると確信をしています。知らないふり、忘れたふりをしているのは、日本の一部マスメディアと左翼の人たちだけです。

次のことを聞いても、南朝鮮という国と国民そして在日朝鮮人を理解しなければいけませんか?

「日本の排他的経済水域である北方四島周辺水域で、韓国のさんま漁船がロシアとの合意に基づく操業を予定していることがわかり、日本が主権の侵害だと韓国に抗議していることが明らかになった。これに対して韓国は『日本は同水域の実効支配がなく、抗議の申し入れは根拠がない』と反発している。水産庁は『韓国が、政府としてロシアによる北方四島の占有を是認した』と受け止めており、今後日韓間の外交問題に拡大することは必至だ」との報道が、多くの方が気づかない程度に先々月（平成29〈2017〉年11月）ありました。

現在、北方領土はロシアの不法占拠の下にありますが、わが国の友好国はもちろんそれ以外の第三国でも、ロシアの占拠を承認したり支持をしたりしている国はありません。ロシアとは友好関係にある中共や北朝鮮でさえ、このような暴挙に出たことは一度もないのです。南朝鮮は、中共や北朝鮮以下の非友好国と考えざるを得ません。中共は以前中ソ対立が厳しかった時には、日本の北方四島のロシアに対する返還要求を支持していましたが、最近は言葉を濁《にご》すようになりました。それでもいまだかつてロシアの主張を支持し、占拠していることを承認したことはありません。

従って南朝鮮は、ロシアによる北方四島の不法占拠を是認《ぜにん》した世界で唯一の国家なのです。これがなぜか言われる「友好国南朝鮮」の実態です。過去を振り返ってみても、南朝鮮人が「日韓友好」を口にするのは、日本から何かを貰《もら》う時とか、日本に対して普通の国家間では通用しない厚かましい要求をする時だけです。それも言葉にするだけで、行動として南朝鮮が日本に対して友好的であったことは一度もありません。

日本から在日朝鮮人がいなくなったら、あくまで私の仮定に対する感想にすぎませんが、どれだけ良くなるかを考えてみます。

一、年間3兆円とも言われる南北朝鮮籍の外国人にかかる、生活保護費や年金、医療保険等の国費による出費が抑えられ、必要とされる日本国民への行政サービスが行き届く可能性が高くなります。

二、民潭・総連に関係する団体は、日本国の国益、そして日本国民の生命・身体・財産等へ侵害の恐れがあります。在日朝鮮人がいなくなることにより、その恐れは消え、日本の政党への干渉《かんしょう》もなくなり、政界への不正献金並びに特定の利益供与も防止でき、政治が日本人のためだけに執《と》り行われます。

三、在日朝鮮人の暴力団の構成人員は全体の三分の一を超えると言われますが、取り扱う麻薬・売春・闇金融等の犯罪が激減し、安心安全な国家になります。各種刑法犯並びに特別法犯等（薬物事犯含む）が激減し、特に殺人はじめ凶悪犯罪の半分くらいは減ると思われます。強姦事件、強制わいせつ事件は半減以下となり、女性が安心して暮らせる社会になります。

四、民潭・総連・統一協会等、日本の左翼過激暴力集団に資金提供がなくなり、より一層《いっそう》の治安の安定となり、平和国家による外国人観光客の誘致《ゆうち》にも効果が出ます。北朝鮮の日本国内での拠点がなくなり、工作活動もできなくなります。極左勢力との接触も難しくなります。

五、南北朝鮮籍が関係する金融業者、その他暴力団の資金源を抑える効果が期待でき、日本国民の資産がこれら地下経済に流出することを未然に防げると共に、日本円の不正な流失が防げ、北朝鮮への資金が流れなくなります。パチンコがなくなりパチ玉の金属を他の工業発展に転化させることができます。

六、南北朝鮮籍の教育関係者がいなくなり、日教組は弱体化して、日本人教師による健全な教育と教育現場を取り戻すことができます。

七、報道機関等のマスメディアから南朝鮮人がいなくなり、偏向捏造報道もなくなり、公平且《か》つ適正という本来のマスメディアの姿になります。

八、何よりも日本国民の心からモヤモヤ感が払拭《ふっしょく》され、全てに積極性が現れ、世の中が明るくなり経済活動も活発になります。

何か一つくらい、マイナスの要素があるのではと考えてみましたが、いくら考えても思いつきませんでした。日本から在日朝鮮人がいなくなること、それが日本と日本人にとって大きな国益となります。

本著作では、一般的にはあまり知られていない情報も含め、中共と朝鮮について反日に至る原因、その経緯と歴史について記述をしました。反日の理由と実態を、よく理解していただきたいと思います。そこには連携する日本の反日グループが存在しています。

さらにマスメディア、特に朝日新聞とＮＨＫに焦点を当て、実情を暴き、いかに既得権益に守られているかを記述しました。お読みになれば、なぜ偏向や捏造報道が行われるか、よくおわかりになると思います。そこのところを日本国民として訴えていくことが、日本のマスメディアの浄化につながるのではないでしょうか？

従って、本著作は冒頭で申し上げた「嫌韓・嫌中」「マスメディア批判」本というだけではなく、日本と日本人を守りたいという「愛国」本です。

目次

第二章　中共は嫌いというより危険

序　章

反日の原点と
それに染められた日本人

そこには、こんな事実がありました。この事実を知り早く目覚めていただきたいと思います日本人の一部なのか、いまだに存在をしている自虐史観、それに伴う反日嫌日、左翼思想とは全く別なのに、なぜかかぶる部分があります。

物事には必ず原因と理由があります。中共や南北朝鮮の反日嫌日、日本における反日なのか自虐史観なのか、日本が悪いことをしたと思い込んでいる人、やはりそこには明確な理由が存在しています。原因がなければ、日本人に自虐史観が生まれた理由も中共や南朝鮮の反日政策も生まれることはありませんでした。

一、GHQによる政策

1、新聞報道取締方針（SCAPIN―16）とは

マスメディアによる反日報道、さらに反日主義者や朝鮮人や中共人により、日本のマスメディア支配が多々見られます。南朝鮮や中共に加担する売国奴もいれば、アメリカにしっぽを振り日本を切り売りする売国奴もいます。こうした人間がなぜ日本社会で堂々としていられるか、そこには反日、売国勢力を助長させる「規定」がありました。

それは戦後GHQが規定した「プレスコード」です。報道規制のことで、正式には「新聞報道取締方針（SCAPIN―16）」と言います。GHQにより30項目の検閲《けんえつ》指針が定めら

れていました。朝鮮と中共の反日の理由にも、大きな影響を与えているのがこのプレスコードです。

戦後の占領下において日本に君臨《くんりん》していた真の権力者はGHQです。従って日本に言論の自由があったかどうか、日本政府に対する批判が自由であったか否かという問題では絶対にありません。GHQに対する批判が自由であったか否かということです。GHQに対する批判は絶対に許されませんでした。新聞・雑誌・書籍・信書・ラジオ放送等が徹底して検閲を受けました。一方で日本政府に対する批判はむしろ奨励《しょうれい》をしたのです。理由は占領政策がスムーズに遂行《すいこう》され、日本の弱体化に好都合だったからです。日本政府への批判は奨励されたことをよく覚えておいてください。これが現在のマスメディアにも引き継がれているのではないでしょうか。

GHQによる30項目の検閲指針について、一言一句確認をしてください。これから後の本著作各章における諸悪の根源であることがわかるうえ、いまだに言論統制下にあるのではないかと錯覚《さっかく》に陥《おちい》るものです。

GHQによる検閲指針

1、連合国最高司令官司令部（SCAP）に対する批判

2、極東軍事裁判批判

3、ＳＣＡＰが日本国憲法を起草したことに対する批判
4、検閲制度への言及
5、合衆国に対する批判
6、ロシアに対する批判
7、英国に対する批判
8、朝鮮人に対する批判
9、中国に対する批判
10、他の連合国に対する批判
11、連合国一般に対する批判
12、満州における日本人の取り扱いに付いての批判
13、連合国の戦前の政策に対する批判
14、第三次世界大戦への言及
15、ソ連対西側諸国の冷戦に関する批判
16、戦争の擁護の宣伝
17、神国日本の宣伝
18、軍国主義の宣伝

19、ナショナリズムの宣伝
20、大東亜共栄圏の宣伝
21、その他の宣伝
22、戦争犯罪人の正当性および擁護《ようご》
23、占領軍兵士と日本女性との交渉
24、闇市《やみいち》の状況
25、占領軍軍隊に対する批判
26、飢餓《きが》の誇張
27、暴力と不穏《ふおん》の行動の扇動《せんどう》
28、虚偽の報道
29、ＳＣＡＰまたは地方軍政部に対する不適切な言及
30、解禁されていない報道の公表

戦後における日本のマスメディアは、右記のことは絶対に報道ができませんでした。アメリカへの批判は元より、朝鮮批判・中共（当時は現在台湾に逃れている国民党政府を指します）批判もタブー扱いになっていました。

戦後とはいかなる時代かと問われれば、ＧＨＱによる言論検閲下の時代です。ですから戦後からの脱却とは、ＧＨＱの検閲指針とは反対のことをすれば良いことになります。

2、新聞報道取締方針（SCAPIN―16）を採った理由

ＧＨＱがこの検閲を実施した根拠は、連合国最高司令官が「日本に言論の自由が確立せんがため公布した」と述べただけです。検閲のうえに、押しつけられた憲法をもって国家を運営している、そこに戦後体制最大の偽善と虚偽があると思います。この状況が、日本国家に衰退を生じさせてしまったと思います。

朝鮮、中共に対する批判も検閲で禁止されましたが、日本社会の闇として、現在まで続いていると思います。ですからヘイトスピーチなどと在日朝鮮人たちが被害者のように叫びます。

ＧＨＱによる検閲にいまだとりつかれている日本人、とりつかれていることに気がつきもしない日本人がいます。なぜ易々《やすやす》と受け入れたのかと言えば、ＧＨＱという組織を敗戦により簡単に信じ、日本人のまじめで優れた学習能力がそうさせたと思います。

ＧＨＱは敗戦国日本に対し、弱体化をさせるために国際法に違反してまで憲法を押しつけ、徹底した日本人の言論封じを行いました。日本の社会制度、家族制度、宗教観、心の支えま

でありとあらゆる分野において、日本人の精神を滅《ほろ》ぼそうとしたＧＨＱの政策がありました。歴史認識というとマスメディアは、中共や南朝鮮が反対をしており間違っていると報道します。総理が靖国参拝でもすれば、すぐに中共や南朝鮮の反発は必至と取材もなくつけ加え、それも両国から何の発表もないまま勝手に騒ぎ、安倍《あべ》総理は反省すべきと論じます。まさにマスメディアは、検閲30項目にいまだにとりつかれています。

二、ソ連の手先として帰国させられた

1、シベリア抑留の実態

シベリアで拉致《らち》され強制的に労働を課せられた日本人、一方的に根拠なく戦犯と決めつけられ捕虜となり強制労働を課せられた日本軍の兵士、極《きわ》めて残酷な現実でした。ロシアという野蛮な国では、虜囚《りょしゅう》である日本人は家畜扱いです。毎日が苦痛なだけの陰惨な日々で、生きる希望すら失われがちでした。ロシア人の冷酷な仕打ちに耐えていたのは、必ず故郷に戻れるという可能性を信じていたからです。シベリア抑留《よくりゅう》被害者の中には、毎日の虐待や苛酷《かこく》な労働で自殺未遂を図る者や、発狂する人が続出したそうです。誰もが一刻も早く故国に帰りたかったのです。

そこに目をつけたのがソ連の工作機関です。狡猾《こうかつ》なロシア人は国際共産主義革命を輸出するために、日本人捕虜を赤く染めて帰還させようと戦略を遂行《すいこう》しました。日本人に共産主義思想を植えつけるには、日本人の共産主義者を増やすことが最も効果的です。中共人も同意見で日中友好を浸透させるには、中共人より日本人を利用した方がはるかに有効であると考えました。悪知恵にたけたソ連は、赤化した日本人捕虜を日本に戻して、同胞による共産主義革命を遂行させようとしたのです。

日本人や日本兵を本国に帰還させるに当たり、ソ連は収容所内での民主運動に力を入れました。民主運動というのはデモクラシーの促進ではなく、共産主義運動の別名です。日本共産党は頻繁《ひんぱん》に反戦と平和を謳《うた》いましたが、その目的は在日米軍を追い払って、ソ連軍を出迎えるためでした。日本の共産党員は武力を持てないので、ソ連軍が日本を占領しやすいように準備をしたのです。共産党が口にする平和という看板は、いつでも反古《ほご》にできる垂れ幕にすぎません。日本にソ連軍を侵攻させ、日本を共産主義国として達成するためには共産党支持者を増やさなければなりません。そのためにソ連の工作機関は虜囚である日本人を促進剤として大量に送り込んだのです。

当然、日本人捕虜の中には共産主義思想の押しつけに反撥《はんぱつ》をした者も幾人かいましたが、強制収容所という環境では非常に稀《まれ》な存在でした。多くはソ連側の軍門に下り、中にはアクチブと呼ばれる積極的活動家になり、民主運動という名の共産主義化への旗手となった者までいました。劣悪な囚人とも言えるような生活ですから、日本人同士での反目《はんもく》や摩擦も絶えないし、軍隊の階級すら崩壊したので、一兵卒が将校を弾劾《だんがい》することも決して珍しくはありませんでした。ロシア人にゴマをすろうと大勢の一兵卒が、上官に対し反動分子だと罵《のの》りあげることもありました。日本兵が元から性悪《しょうわる》だったわけではなく、極限状態に置かれ積極的に「民主化（赤化）」した者の方が、ソ連側に対する印象がとても良かったからです。恭《きょう》順《じゅん》の姿勢をアピールすることが、いち早く日本に返してもらえると思い込まされたのです。日本兵全員が、とにかく早く故郷に戻りたいという気持ちで一杯でした。ソ連に認められた立派な共産主義者になれば最優先で帰国船に乗れる、と考えたことを責めることはできません。共産主義に否定的な者でも、自ら進んでソ連を称讃するようになりました。

2、ソ連による諜報工作

現代の日本でなら共産党を批判し、自由主義を掲《かか》げることは簡単ですが、虜囚の身で日本に忠誠を貫くのは極めて困難です。強制収容所で、もしソ連の将校に反抗をすれば、食事を減らされたうえに労働ノルマを増やされることになり、それは死をも意味しました。

かつては上官に従っていた下士官や一兵卒もソ連側に媚《こ》びるようになり、共産主義に抵抗する将校を罵倒《ばとう》しました。例えば1人の頑固な将校を、赤化された兵卒が取り囲んで、「反動だ！」「民主化が足りない！」「ファシストめ！」と責め立て、人民裁判にかけた話もありました。「反動」とはどのようなものか、「日本共産党の在外同胞引揚妨害問題調査報告書」によれば、「ファシズム、ミリタリズム、キャピタリズムの思想を持った者、あるいは言動をする者」となっています。


捕虜に共産主義思想とソ連への親近感を養成するために、洗脳目的の「日本新聞」も作られました。日本語という活字に飢える者や望郷の念を抱《いだ》く者が、こぞって読みました。民主運動という名の共産主義教育が行われた結果、多くの抑留された日本人が徐々に洗脳され、スターリン元帥に対する感謝状を捧げ、ソ連に忠誠を誓うようになりました。日本新聞が作成したソ連への感謝状には反動分子以外の者が全員署名をしましたが、内容は馬鹿げていて抑圧状態に置かれた異常性を物語っています。起草文には以下のように書かれています。

「当り前ならば、日本帝國主義の犠牲となって死ぬところを、ソ連の参戦によって解放され、しかも天皇制ファシスト軍隊の奴隷兵士から民族独立、平和擁護のスターリン戦士として、真の人間に再生させてくれたこと、在ソ五ヶ年間、生活万端にわたって何の不自由もなく、あたたかい配慮を受け、無事に日本に帰国できるようになったのは、ソ連とその輝かしい指導者スターリン大元帥のおかげである」

なんとおぞましいことでしょうか。ここまでに人は極限状態に置かれると、望郷の念から洗脳をされてしまうのです。でもこれを責めることはできません。

3、洗脳された結果の証言

731部隊が、細菌戦や人体実験を行った証拠とされる文書も存在しています。フェル・レポート（昭和26〈1951〉年6月20日付）とヒル・レポート（同年12月12日付）です。しかしこの報告書は米国立公文書館には存在していません。というのは、ソ連側がハバロフスク裁判（ハバロフスク事件といい、日本兵捕虜が労働拒否のストを起こしました）で得た日本軍捕虜の証言を元に、アメリカに731部隊の実態調査をするように要請《ようせい》したものであり、日本兵捕虜の証言は、洗脳の結果による証言でした。

安倍プーチンの関係により数年前から始まったロシアによる旧ソ連の公文書公開と共に近年研究が進み、当時のソ連が捕まえた日本軍将兵を何年にもわたり洗脳をし続けていたことは事実であり、戦後ソ連や支那共産党に捕まった日本軍将兵は、それぞれの共産党により、徹底的に洗脳されていたことが解明されたのです。シベリア抑留から解放され帰還した人々の証言の多くが、長年の抑留期間に共産主義に洗脳され、早く帰還したいがためを利用したソ連による物語だったのです。洗脳された人たちの証言が事実として記録され、これらを根拠につい最近まで、学術的研究までもが行われていました。

三、支那共産党に捕まって洗脳された「中帰連」

1、中帰連とは

「中帰連」とは正式名称を「中国帰還者連絡会」と言います。中共からの帰還者たちは、戦後中華人民共和国で戦犯として収容所に入れられました。中共政府の人道的対応により、侵略によって犯した自身の犯罪を深く反省する機会を得た、とされています。その後元戦犯たちは中帰連を組織し、反戦平和運動、日中友好運動を積極的に推進しました。派手《はで》な反日活動を展開したのです。昭和50年代になると中帰連メンバーの湯浅謙《ゆあさけん》や、推理小説作家の森村《もりむら》誠一《せいいち》らが、中帰連メンバーの話をネタ元にして様々な作り話を考え、まるで史実のように喧《けん》伝《でん》をしました。

中共共産党が「中華人民共和国」を建国した1949（昭和24）年の翌年、「中ソ友好条約」の締結時、一部の日本人捕虜はスターリンから中共にプレゼントされ、満州の撫順に収容されました。そして日本人捕虜たちが「地獄から天国に戻った」と述懐《じゅっかい》する、中共工作員による洗脳工作が始まりました。

戦犯の処置は「新中共」の重要な国家政策として周恩来《しゅうおんらい》が直接指揮をとり、管理は司法部ではなく公安部（日本の警察）が担当をしました。公安部長の羅瑞卿《らずいけい》は、延安で多数の日本兵捕虜を洗脳し、反戦兵士に仕立て上げた捕虜政策のエキスパートでした。

2、中共共産党による学習

中共の洗脳教育は、学習と呼ばれました。毎日学習が続けられ、学習をして得た共産主義の認識に基づき、過去の自分を自己批判し、総括《そうかつ》書を何度も書かされました。学習は、罪は重くても完全に共産主義思想になった者は許す、逆に軽微《けいび》な罪でも思想を改造できない者は重く処罰する、としつこく繰り返されました。中共共産党側は、共産主義思想に転向してこそ初めて過去の旧思想時代の犯罪を自供できる、と主張していました。「思想改造」と「認罪」を同時に工作することであり、中共共産党が同胞の反革命分子に行使したのと同じ方法です。

将校クラス以上が取り調べを受けたのに対し、下士官や一兵卒は坦白（たんばくといい自白すること）大会という方法がとられ、自分たち自らで洗脳をしました。下級兵士ほど、ソ連でいうアクチブと呼ばれる積極的活動家になりやすかったのは中共でも同じでした。

本格的な取り調べでは、「坦白する者には軽く、逆らい拒む者には重く」という取り調べの絶対的方針が告知され、そのスローガンは所内のいたるところに掲示されました。さらに「認罪運動」も始まりました。

「私はこんなひどいことをしました」と戦犯にされてしまった仲間全員の前で自白する発表会がもたれました。「坦白大会」には支那共産党幹部が列席し、管理所の洗脳工作経過を視察しました。戦犯と決めつけられた人たちも自分が何を要求されているのかがわかり、どんどん追いつめられました。認罪学習は徹底して行われ、全員でしつこく何回も何回も犯罪行為を確認し、自己批判と相互批判が繰り返されました。学習という名の、犯してもいない罪の自白とつるし上げの連続でした。「なんだ、それぐらい、俺なんかもっと凄《すご》いぞ」「お前、それぐらいじゃ足りないだろう」などとますますエスカレートさせたのです。

取調官という名の中共工作員が、1人ひとりについて何年もかけて集めた証言や告発書、総括書を元に尋問《じんもん》をしました。罪状は最初から決まっており「自白すれば軽く、拒めば重く」と言われれば、工作員の言うがままに合わせるしかありません。毎日呼び出され、尋問を受けました。そして総括書は出す度《たび》に点検され、ここが違うとか、こう書けとかまで注文されました。工作員の予定調書と違ったことを自白すれば、自分が嘘や間違いを言ったことになります。こうした尋問取り調べにより、日本語にはない罪状や、中共共産党側のでっち上げや過剰《かじょう》な言い分まで認めさせられたのです。とにかく1日でも早く日本に帰りたい、そのことしか頭にありませんでした。中共共産党側は余計な自白には大歓迎をし、無理やり言わせた日本軍の罪状を採集しました。提出した総括書は文章の巧拙《こうせつ》や想像力の大小によって、罪行状に迫力の差が出てきます。文章のうまい戦犯はほめられ、他の戦犯の文章指導や代筆までやり、悪そのものの日本軍が創作されていったのです。

心理学にありますが、監禁されその苦痛や憤《いきどお》り、自己崩壊から逃れるため、加害者の立場に自分を置こうとします。相手側の一員の気持ちになるのです。撫順に収監された戦犯の中で下士官や一兵卒たちは、でっち上げにより決めつけられた戦争犯罪など起こしてはいない人達です。それなのに理由もなく約6年も監禁され、自らを戦争犯罪人と認める自白をさせられ、不起訴になったら中共共産党の温情に感謝するように学習させられ、最後には、中共の看守たちと抱き合い泣いたりまでしました。

戦後、撫順戦犯管理所に収容された日本軍将兵たちの約6年間は「坦白大会」などの「認罪運動」による「洗脳」の日々でした。洗脳教育を受け、自白を強要《きょうよう》され、嘘でも暴行や虐殺を認めなければ、刑務所から出ることができませんでした。そのような環境下で作成された供述書に、信憑《しんぴょう》性もなければ証拠能力などありません。それは裁判の証言としても同じであり証拠能力はありません。

彼らのほとんどが日本に帰っても洗脳が解けないまま余生を送ることになりました。中共共産党に洗脳された「中帰連」が派手な反日活動を展開したので有名になりましたが、捕まえた日本軍将兵を長年にかけて徹底的に洗脳をしたのは、ソ連共産党も同じです。

彼らのデタラメな嘘の証言はその後、朝日新聞をはじめとするマスメディアや本多勝一《ほんだかついち》らによって増幅《ぞうふく》され、日本人全体が洗脳されていきました。

四、敗戦利得者の存在

1、敗戦利得者とは

日本を最悪の戦争犯罪国家としておくことで、利権を維持できる人たちを「敗戦利得者」と言います。保守側の人間は全員公職追放になり、マスコミ、大学、官僚として生き残るために「東京裁判史観」を信条としてGHQにおもねったのです。正確に史実を把握し、GHQによる洗脳にも染まらなかった人たちは公職を追放され、誰からも相手にされませんでした。一方敗戦により得することになった敗戦利得者ですから、追放されずに残った学者、有識者、マスメディアは反日左翼つまり日本犯罪国家史観者ばかりなのです。自分たちが検閲30項目に縛られ嘘の発言を繰り返し、取り返しがつかなくなりました。現在になっても引きずらざるを得ない状況になり、今では真実だと完全に洗脳されてしまいました。中共や南朝鮮から資金が提供され、一部政治家は謝罪外交までしてしまったのです。

2、保守ビジネスの存在

日本人の間に自虐史観があるからこそ、それを指摘することによって保守として名前を売る人もいます。その特徴として、必ず一部については迎合《げいごう》しています。例えば捏造の南京事件なのに、多少の殺人はあったかもしれないが30万人ということはない、と話します。ただの売春婦なのに、慰安婦と言い続けます。海外メディアによる根拠のないリーク記事を元に、自らの保守性を訴えたりします。このように保守であることをアピールすることにより自身の生活を支える人が現実にいます。これも日本国民にとって極めて中途半端であり大きな弊《へい》害《がい》になっています。

五、国際社会から見た日本

1、日本の戦争への歩み

世界から見た日本という立場を検証し、その一部として中共・半島が日本をどのように見ているかは、反日の背景として極めて重要なことです。

第二次世界大戦、きっかけを簡単に言えば第一次大戦による世界恐慌《きょうこう》、ドイツとの講和によりベルサイユ体制、ファシズムの台頭、一方で共産主義の出現、新たな植民地獲得、そして石油資源の思惑、こうしたことが重なり戦火へと導かれたと思います。日本だけで見ると、明治政府時代にまで遡《さかのぼ》ります。富国強兵、３００年の鎖国政策から大政奉還となり開国、と急速な発展を成し遂げました。一方でロシアの南下政策による共産主義への対抗という状況が生まれました。結果的に日清戦争に突入しますが、きっかけを一言で言えば、朝鮮半島での日清両国の権力闘争と位置づけられます。もちろん背景に、西郷《さいごう》の征韓論・福沢《ふくざわ》の脱亜論等はじめ、日本の近代化と国内発展という様々な要素もありました。日朝直接の交渉過程も忘れてはいけない事実です。琉球王国の帰属も含め、清国との間に国境問題も存在しました。

朝鮮半島を影響下に置き権益《けんえき》の拡大が背景にあり、目的として朝鮮半島の独立、ロシアの南下政策に対抗、イギリス等の西洋軍事進出を阻《はば》む、により日清戦争に突入しました。日本の勝利により明治28（1895）年4月17日に日清講和条約を締結し、日本は遼東半島・台湾・澎湖列島の領土と多額の賠償金を受け取り、朝鮮半島は清国より独立をしました。後に遼東半島については、ロシア・フランス・ドイツによる三国干渉により清国に返還されました。三国が清国に大きな影響があり、賠償金の支払いのために清国は欧米に借金をし、複数の要衝《ようしょう》を租借《そしゃく》地にされました。イギリスがアヘン戦争に勝利し香港を侵略、日清戦争の処理として欧米は、中国大陸を植民地化しました。日本だけが清国に迎え入れられました。従って日本が侵略したとの中共の主張には、全く根拠がありません。

日清戦争の日本の勝利により朝鮮半島の独立は認められましたが、李《り》王朝はとても政府の機能としてはお粗末であり、一方ロシアの南下はなんとしても食い止めなければならず、日本は日清戦争の多額の賠償金を戦費に、日露戦争を戦わずにはいられない状況になりました。日清・日露戦争を見てもわかるように日本が侵略の目的ではなく、なんとか半島を守ろうとしたことは事実であり、その他の戦争でも日本は全て何かを守るための戦争しか戦っていません。

日本は日露戦争になんとか勝利しましたが、経済的には困窮《こんきゅう》することになりました。世界的には大国ロシアにアジアの小国日本が勝利したことで、アジア中心に独立の気運が高まり、経済的に困窮した日本は、アジア解放と権益のためにアジア進出を余儀《よぎ》なくされ、大東亜戦争に突入したのです。一方で日清戦争後、日本は極めて清国とは友好関係となり、辛亥革命により清国の滅亡後満州国の創設等、朝鮮半島の状況も踏まえることになりました。満州国がロシアの侵略を受け日本は出兵、辛亥革命により清国を追いつめる中華民国国民党、これに乗じて国家統一を図る毛沢東《もうたくとう》共産党軍、柳条湖事件をきっかけに日本と中華民国国民党との間に戦闘が起き日華事変となりました。日本は毛沢東共産軍（現中共）とはほとんど戦火を交えていません。朝鮮半島は李王朝が国家として機能せず、日本では賛否両論ある中、朝鮮側の強い要望もあり国際社会の同意を得て併合し、膨大《ぼうだい》な資金による援助をすることになりました。

2、抗日運動

毛沢東共産党と朝鮮金日成《キムイルソン》は連携し、ソ連のバックアップにより、抗日運動・抗日戦争という旗頭を持ち、独立した国家体制を作れると正義を装《よそお》うと共に、ありとあらゆる蛮行《ばんこう》を抗日運動の名の下《もと》に正当化をする根拠にしました。その後の武力行使も正当化するために、日本帝国主義に対する抵抗手段として抗日運動を延長したとしました。中共・朝鮮半島は、自らの行為を抗日運動という名の下で正当化をし、ずっと今日まで続いているのです。

北朝鮮の背景には中共とロシアがあり、南朝鮮が侵略されるのは日本の不利益と読み、日本にどんな態度をとろうが、赤化を防ぐために南朝鮮を守り続けることが日本の利益になると南朝鮮は確信をしています。

中共と南北朝鮮が反日の理由は、抗日運動という自身の全ての蛮行を正当化する根拠だからです。両国にとって、日本が国連の常任理事国になることは、戦争が日本の正義になってしまいます。日本には敗戦国として「日本は戦争犯罪という罪人として未来永劫《えいごう》、国際社会から罰を受け続けなければならない、そうしなければ自国の統治は不可能」と考えています。常任理事国である米英仏の戦勝連合国もそのように考えています。従って現在の状況のままでは、どんなに時間が経緯しようが日本の常任理事国入りなど絶対にあり得ません。領土問題も、敗戦という結果が全てと判断され、敗戦が北方四島占拠のロシアの根拠（第二次世界大戦の結果として確定した国境は変えないし、結果を尊重すると宣言）で、尖閣も竹島も同様なのです。

こうした原因の全てが日本の敗戦にあります。日本は無条件降伏をして、東京裁判により悪であると、国際社会により決められました。日本人はＯＤＡを、経済大国であり世界一番のお金持ちたる日本が、その善意によって発展途上国を支援していると思っているでしょう。

それこそ平和ボケというか、のんびりお高く留《と》まっていると言わざるを得ません。国際社会は日本のODAは国連指導の下、支払わなければならない戦争賠償金の形を変えたものと理解をしているのです。中共・半島も、日本からの好意の全てをこのようにしか理解をしていません。

戦後、GHQによる検閲30項目にいまだに縛られその呪縛《じゅばく》から逃れられておらず、シベリア抑留で拷問に近いうえでの証言、苦境における証言という捏造の裁判資料をいまだに信じて受け入れ、中共による洗脳教育の結果を真実の証言だとして受け入れ、戦争利得者による論文や報道を信じ、国際社会の本音《ほんね》も見極めきれない日本が、まさしく現在の姿です。

こうした状況により、反日売国のマスメディアそして野党、左翼が生み出されてしまったと言えるのではないでしょうか。

3、中共・朝鮮への向き合い方

中共・朝鮮に対しどのように向き合えば良いのでしょうか。まずは日本国民の意識から変えなければいけません。ポツダム宣言、それに先立つカイロ宣言、その名の通り単なる宣言にすぎません。条約でも決議でもありません。カイロ宣言に至ってはどこにも誰であるかの署名すらなく、いわば新聞発表程度のことです。ポツダム宣言も、宣言は宣言にすぎず条約でもなんでもありません。ただ一方的に自己都合で宣言をしただけです。日本が連合国と交わしたのは、日本からの条件なしでの連合国との休戦条約だけです。無条件に受け入れたので連合国アメリカが日本に乗り込み、二度と日本が軍事強大国にならないようにGHQが統《とう》治《ち》し、戦勝国の理論により東京裁判が開かれました。結果ありきの裁判で、現在は学術的には完全否定されています。日本も東京裁判の結果だけを受け入れただけで、判決内容を一切認めてはいません。

日本人それぞれが正しい歴史や背景等を理解し学び、日本と日本人は何も悪いことはしていないという、日本人として誇りを取り戻すことが極めて重要です。日本人1人ひとりが正しい知識で理論武装をして、政府もお金を充分にかけ、ありとあらゆる機会、ありとあらゆる方法、あらゆる場所を捉えて、世界中の誰しもがよくわかったと納得するまで繰り返し繰り返し、呆れ果てられるほど訴え続けなければいけません。幸い日本は相手がどう思おうが豊富な資金力により世界に貢献《こうけん》をしている実績があります。日本の発言には必ず耳を傾けざるを得ないはずです。傾けなければそれこそ援助に期待ができなくなります。

誰しもがなんらかのケンカ腰の交渉をするのに、拳銃を構えている相手に素手《すで》で臨《のぞ》むバカはいません。核には核、ミサイルにはミサイル、対等もしくはそれ以上の軍備を構え、相手がのどから手が出るほどほしいお金という人参《にんじん》をぶら下げて交渉する、極めて当然のことです。さらに相手の弱み、どのように出てくるか、あらゆることを情報収集し、様々な状況を想定し、交渉に臨む、それが外交であり国益を守ることです。

中共には、歴史の事実を突きつけ何回も主張し、日本の防衛力を突きつけ、こちらからは攻撃しないが、一歩でも踏み入れれば容赦《ようしゃ》はしないと明確に主張をすることです。半島にも同様、竹島を返さないなら被害回復請求権に基づき奪還する準備はあるぞ、ことを構える覚悟はあるのか、歴史の事実を歪曲《わいきょく》するな、そうでなければ一切の経済支援もしない、と突きつけることです。国際社会にも訴え、正当であるとの主張を続け、諜報活動により完璧な戦略を整え立ち向かうべきです。親中共派が盛んに主張する日中の経済関係、日本はほとんど困りません。日本の対中共投資の減少で困るのは中共です。中共主導の自由貿易も日本なしでは不可能です。中共という国には微塵《みじん》も配慮は無用で、毅然《きぜん》たる態度が絶対です、つけ上がるだけです。

純粋な日本国民の皆さん、政治家も国家機関も総力を挙げて、中韓そして世界に挑もうではありませんか、保守も革新もない、右翼も左翼も関係ない、これこそが愛国活動、日本を守ることです。

序章において本著作の結論のようになりましたが、この章に書かれていることをよく理解したうえで続く第一章からをお読みになることで、より深く理解ができると思います。

第一章

これでも好きになれるの?・半島朝鮮人

これでも親しみを感じますか、仲良くできる要素はありますか

一、南朝鮮が反日の理由、その原点は初代大統領の李承晩にある

1、簡単な半島の歴史、李承晩とは

1875（明治8）年生まれ、朝鮮半島における独立運動家です。家柄は良く、生家は李氏朝鮮の第三代王太宗《テジョン》の長男で世宗《セジョン》の兄である、讓寧《ヤンニョン》大君《デグン》の末裔《まつえい》とされています。貴族に当たる両班の家柄です。李氏朝鮮の時代は、国民の中のほんの一握りにすぎない朝鮮貴族の両班が、民衆に対して絶対的権勢を振るいました。奴婢は1枚の書状により身分が決められ、奴婢の所有者は一般民衆である良民には解放をしませんでした。

両班からすると、日本によって奴婢が解放され、民衆に力が与えられることは大反対でした。自分たちの権力を奪った日本が憎くてたまりません。日韓併合での反対勢力は、両班というごく一部の勢力にすぎませんでした。

李承晩が抱いていた思想は、あくまで朝鮮半島は両班のものであることです。朝鮮半島の人も富も、全て両班のものと考えていたのです。当時の朝鮮は国として貧しすぎ、政治も儘《まま》なりませんでした。共産主義の台頭があり、そんな半島を救うために国際条約が交わされ、日韓併合し日本が統治をしました。日清戦争により、本来朝鮮の独立を世界に認めさせれば

日本は充分でした。李承晩は上海に逃げ、「大韓民国臨時政府」を樹立し、勝手に初代大統領を名乗りました。1919（大正8）年の出来事です。

2、金日成とはこんな人

1912（大正元）年の生まれで、小作人の息子という貧しい育ち、両親とも熱心なキリスト教信者です。父親が共産主義による抗日パルチザンでした。金日成は三・一独立運動の時、現在の中共に母親と共に逃れ中共共産党に入党し、半島での独立運動家として抗日闘争を始めました。日本軍に追われソ連に避難し、スパイ容疑でソ連に拘束もされています。中共側の保障により解放され、中共共産軍と軍を組織し、朝鮮労働党の設立と共に北側の指導者としての地位を認められました。その後スターリンには支援を求める関係になりました。

北側の共産国家は、金日成と毛沢東による武力で統一を進めました。南朝鮮で樹立された米国中心の連合国支援国家である、大韓民国（李承晩）政府に対して、連合国は半島の統一問題を提起しました。国連での話し合いが始まると、北朝鮮は「朝鮮人民共和国」の成立を一方的に宣言しました。

北朝鮮に遅れること1年4ヶ月、李承晩をリーダーとする「南朝鮮過渡政府」が、1947（昭和22）年6月にアメリカの支援で設立されました。このような経緯により、南北に朝鮮ができたのです。

3、朝鮮戦争はこのようにして起こった

金日成は、当時日本のインフラである発電所や化学工場などを、占領接収していました。金日成は、南朝鮮への送電を断ち、共産ゲリラを送り、済州島にできた北側の勢力である「済州島共和国委員会」と共に、武装蜂起をしました。

李承晩は済州島に軍を送り弾圧迫害、これが済州島四・三事件です。島民の20％に当たる約6万人が殺害され、難を逃れた朝鮮人が済州島から日本に密航してきました。済州島出身者が、在日朝鮮人に多くいる理由です。李承晩は米国に軍事支援を要求しました。このことが金日成に危機感を持たせ、スターリンに支援を要請することになったのです。ソ連軍事顧問団と共に、北朝鮮が南侵計画を策定したのです。

これが朝鮮戦争のはじまりです。南朝鮮軍はまだ何も警戒もしていない状態のところに、共産ゲリラの蜂起と、北朝鮮軍11万人が攻め込んできました。たまらず南朝鮮軍は追われ、釜山近郊まで退散を余儀なくされました。朝鮮戦争で南朝鮮軍として主に戦ったのは、元日本軍の朝鮮人兵士たちです。釜山近郊の防衛線を死守したのは、元日本軍人で天皇陛下から勲章を授与された金錫源《キムソグォン》でした。作戦を駆使し米軍艦隊の砲撃で北朝鮮軍を叩き、初めて

勝利しました。この時日本政府が、米軍に派遣要請をしています。日本は自ら参戦することは絶対に許されず、まだそのような能力も持ちませんでした。でもなんとしても南朝鮮を救いたかったのです。米軍（マッカーサー将軍）は仁川に上陸し、北朝鮮軍を挟み撃ちにします。敗走する北朝鮮軍を追い、１９５３（昭和28）年10月には平壌まで追い込みました。その時、突如敗走していた北朝鮮軍が反攻してきました。１００万と言われる中華人民共和国（毛沢東）の人民解放軍です。米軍はその勢力に押され、現在の休戦ラインの38度線まで後退をしました。人民解放軍の被害も甚大《じんだい》で北朝鮮軍は、38度線付近で補給切れになり、連合軍とは小康状態になり休戦になりました。その状態が現在も続いているということです。

朝鮮戦争では、北朝鮮軍による兵士、一般市民の殺害犠牲者は、南朝鮮軍約20万人、一般市民約２００万人、連合国米軍約1万人、北朝鮮軍約29万人、中共人民解放軍約14万人という尊い命が、朝鮮半島で犠牲になりました。

南朝鮮軍が釜山に追い込まれた時、李承晩は米国に一時非難し、米軍の支援を画策しましたが米軍は動きませんでした。米軍が動いた理由は、日本政府の支援により金錫源将軍が反攻できたからであり、それで米国の支援が決まったのです。この事実はアメリカ歴史公文書館に記録保存されています。

李承晩は南朝鮮に戻ると、直《ただ》ちに竹島に軍を送り、李承晩ラインを引きました。米国に竹島の領有を要求しましたが、断られたので強引に占領をしました。日本政府は、直ちに反発しましたが、南朝鮮の状況から日本は米国の意思を組んで静観しました。理由は、米国が「竹島は日本領土」と明言していたからです。

二、在日朝鮮人が日本に根づいた理由とは

1、李承晩の政策とは

李承晩は、李朝時代が華やかな理想国家であるとして、国民に強制教育を行いました。日本の教育制度で養成された教師、文化委員、大学教授たちは迫害され、その地位を追われました。李承晩は歴史教育を捏造し、李朝時代の両班層が新しい国家を構築するように政権運営をしたのです。その目的のために作られたのが、日本による侵略論であり、日本植民地政策による迫害という捏造です。李承晩は、朱子《しゅし》学的社会化を始めました。当時の朝鮮半島は戦乱で焼け野原となり何も残されておらず、日本に避難した（逃げた）１００万を超える朝鮮人たちの帰郷受け入れも不可能な状況であり、混乱していました。共産主義者には赤狩りと称し、捏造歴史教育に反発する教育者にも、迫害、強要、殺害とありとあらゆる暴挙を行いました。このため済州島から、日本に避難した（逃げてきた）朝鮮人は、故国へ帰郷

できなくなりました。戦前に白丁という奴婢・賤民層は故国に戻ると迫害され、財産をとられることを嫌い日本に残ったのです。これが在日朝鮮人のはじまりです。奴婢・賤民層ということで今でも本国から僑胞と呼ばれ、蔑《さげす》まれています。

北朝鮮における戦争後の荒廃は、南朝鮮よりさらにひどく、帰れない故国になりました。在日でも北朝鮮系（共産主義者を含む）朝鮮人がいる理由です。この北朝鮮系在日が、北朝鮮を支援する工作員を受け入れる場となり、日本で故国支援と称し稼いだ金を北に送金する機関ができました。それが朝鮮総連合であり、高校の無償化補助問題で騒いでいます。公安調査庁と警察公安が、総連は反政府機関であり北朝鮮を支援し、対日工作員を育成している学校組織と認知をしています。

三、反日への過程、その根本はGHQによる占領政策にある

1、GHQによる日本統治諜報政策

戦後米国は、「日本は東南アジアで残虐な侵略行為を繰り返した」ということを正当化させるために様々な謀略を行いました。日本を非難するに値する口実として、自分たちの空襲や原爆投下といった残虐さを薄めるために、中共と共同して南京大虐殺を捏造したのです。

朝鮮半島の奴隷化や植民地化などの言葉は米国が作り出した虚構です。米国は原子爆弾を製造し、落として日本民族の大虐殺を行いましたが、その事実を正当化するために南京大虐殺や朝鮮半島での奴隷化と植民地化をでっち上げたのです。

欧米人が日本を貶《おとし》めるために主張をする中で、絶対に捏造できなかったのが奴隷制と人種差別です。日本は歴史上奴隷が公然として制度になったことはありません。欧米にとって日本を悪者にするのに最も厄介《やっかい》な事実です。日本を倫理的に人道的に非難するには、この事実が極めて邪魔でした。そこでルーズベルトは1943（昭和18）年のカイロ会談において、日本は朝鮮半島を奴隷化し朝鮮人から搾取《さくしゅ》をしていると捏造し、日本を糾弾《きゅうだん》しました。国際会議では、米国大統領の発言が欧米や戦勝国を中心に支持されてしまいました。ルーズベルトは様々な国際会議にも精力的に出席し、その度に繰り返し「日本は朝鮮人を奴隷化した」と発言をしたのです。

さらにルーズベルトは、1944（昭和19）年に「アジア人は日本人の奴隷にはなりたくないと言っている！」などとさらなる嘘の発言までしました。こんなルーズベルトの発言を基本前提に、戦後の日本の統治支配がGHQによって行われました。その時GHQは在日朝鮮人を使いました。米国の方針により戦後日本に対するGHQの統治は、在日朝鮮人を利用して行う計画が実施されたのです。

2、GHQは在日朝鮮人を利用した

終戦時に米国は、在日朝鮮人に対して「今日は朝鮮人が奴隷から解放された日である」と主張し、さらにマッカーサーが来日して1ヶ月後には、当時の在日朝鮮人連盟（現在の韓国民団と朝鮮総連の母体組織）がGHQの指導の下で結成され、特別の地位が与えられました。在日朝鮮人は戦勝国の仲間入りが認められたのです。朝鮮人が日本と戦った事実など全くありません。にもかかわらずGHQは「朝鮮人は日本の奴隷から解放された。今や朝鮮人は連合国民であり戦勝国民だ」と彼ら在日朝鮮人たちや朝鮮半島の国民に対し発言したのです。この発言が根拠となり在日朝鮮人は戦勝国民を名乗り、朝鮮進駐軍を結成し日本人に横暴の限りを尽くしました。

GHQは在日朝鮮人連盟に対し「今まで奴隷扱いしてきた日本人に対して、自分たちがどんなにひどいことをされたか日本人に理解させることが我々の義務だ」と述べ、多くの在日朝鮮人がその言葉を盲信し、日本人にますます暴力を振るうようになりました。SF（サンフランシスコ）条約締結後も、米軍人の犯罪について日本は裁判権を持たないという密約をさせられました。連合国人に対して日本の警察は逮捕権を行使できず、日本の司法も戦勝国人に対する裁判権はありませんでした。

GHQによる連合国人への特権は、朝鮮人に対しても与えられました。そしてGHQによる検閲30項目があります。従って日本の新聞等では、米国人、英国人、仏国人、中共人、ソ連人、朝鮮人への悪口や批判、誹謗中傷《ひぼうちゅうしょう》等は一切書くことができなくなりました。犯罪を行っても逮捕権や裁判権もないので、逮捕されないことをいいことに朝鮮人たちは、自分たちの非常識な蛮行を日本人に注意されると、その注意した相手を集団で暴行し殺害したのが直江津事件です。

全国一斉に始まった朝鮮人による強盗、強姦、恐喝、誘拐、市街地の土地を略奪する等、あらゆる極悪社会的犯罪のほとんどに在日朝鮮人が関与をしていました。全てはGHQによる「朝鮮人は日本の奴隷から解放された。今や朝鮮人は連合国民であり戦勝国民だ」の言葉です。GHQは在日朝鮮人が日本人に暴力を奮《ふる》い、焼け野原になった日本人の居住区に朝鮮人が縄を張って奪い住み始めることも容認しました。駅前の一等地にパチンコ店など朝鮮系の企業が存在するのはこうした背景があり、大儲けをした在日富裕層が生まれました。GHQは「日本人が長い間、朝鮮人を奴隷のように扱い、搾取してきたかをわからせるためにも放置すべき」との勝手な一方的方針で見て見ぬふりをしました。

3、在日朝鮮人の横暴

朝鮮人たちが闇市場を独占し、そのことを警察官が指摘して介入したら集団で警察官を捕まえて弄《いじ》り殺したのが浜松事件です。浜松市街地では5日間にもわたる市街戦が行われ30０人以上の死傷者が出ました。こうした事実は、日本の近代史に載らないし教科書に載ることもありません。ましてや新聞も全く報道をしませんでした。背後で焚《た》き付けたGHQは、「日本人が奴隷にしていた朝鮮人が解放されたのだから、少々の跳ね返り行為があっても仕方がない」と黙認をしたのです。

徐々に朝鮮人を奴隷扱いしたというGHQによる事実無根の捏造が行き渡り、同様に強制連行や従軍慰安婦までもがいかにも事実のように歪曲されました。

GHQによる捏造の話に対し日本の政治家が謝罪をしてしまい、全くデタラメな嘘が真実とされたのです。全ての根源はGHQにあり、在日朝鮮人による参政権要求の理由も、「日本人が強制連行して連れてきたのだから当然」という主張です。在日朝鮮人の生活保護費不正受給問題や在日特権などが、ネットの普及により表面化はしてきました。しかし在日問題の根っこは、GHQによる占領政策にあるのです。

在日朝鮮人たちは常に日本人に向かって「お前たちは、朝鮮半島で悪いことをした日本人の子孫だから、お前たち子孫が全て責任をとれ」と主張し、叫び続けています。在日朝鮮人は、自分たちの犯罪をごまかすために強制連行・従軍慰安婦などと、歴史の捏造や歪曲をし大声で叫んでいます。しかも日本のマスメディアでは、過去に日本各地で朝鮮人が暴力行為を起こしたことは伏せられています。坂町事件では、闇米を独占していた朝鮮人に対して注意をした警察官が袋叩きにあいました。各地で闇市を牛耳《ぎゅうじ》る朝鮮人に対して指導や介入をした警察署に対して、怒った朝鮮人たちが闇討ちや殴り込みをかけていたのです。その警察署が襲撃されたのを助け援護したのが任侠やくざです。その後の安保闘争の学生運動の鎮圧《ちんあつ》にも任侠やくざが加勢をしました。在日朝鮮人による全国の暴動暴行事件には全て日本共産党員が一緒になっています。詳細は『井上太郎最前線日記』に詳しく記述してあります。

こういう歴史的背景を知れば、外国人参政権など「とんでもない」と多くの人たちが理解できます。

四、日本人として知っておいてほしい、GHQ・南北朝鮮、そして反日の史実

1、連合国と奴隷制度

欧米が歴史上において長い年月にわたり奴隷制度を行っていたことは棚に上げ、奴隷制社会など全く存在すらしなかった日本に「奴隷制が存在した！」と、GHQによる捏造の「朝鮮半島奴隷化論」を押しつけたことが、現在の日韓関係にまで大きな影響を与えています。

連合国としては、南北朝鮮がいつまでも反日でいてくれることが必要であり、自身のアジアでの存在価値が生まれます。米韓関係は日本人が思っている以上に濃密です。南朝鮮はアメリカが必要とする時に、日本の足を引っ張るという重要な役割を担《にな》っています。慰安婦問題にアメリカが執拗《しつよう》に関与し、言及する主な理由はこの辺にあります。

日韓基本条約締結交渉において南朝鮮側の狡猾な主張は、まるでＧＨＱによる捏造の「朝鮮半島奴隷化論」そのものでした。

２、半島における日本

朝鮮が自力での国家建国はとても困難であり、日本は近代化のために莫大な資金を提供して鉄道・道路・上下水道・発電所・都市計画・公官庁の建設など各種のインフラを整備しました。朝鮮全土で貴族階級向けの２００ほどしかなかった学校を、庶民も行けるように義務教育化をして５０００校以上も建設し、ほとんどの一般大衆が読み書き計算ができなかったのを教えました。清の属国下で禁止されたハングルも日本語と同様に教えました。現在、南北朝鮮でハングル語が浸透しているのは日本の統治下のおかげなのです。

全く感謝することもなく、ＧＨＱの捏造に乗っかり、日本を叩き巨額の資金を出させています。現在の一部の政治家や官僚も、教科書的な間違った歴史観を基本に言動を行っており、南朝鮮に慰安婦問題や強制連行などを持ち出されると、謝罪し譲歩し、お金を毟《むし》り取られ続けています。日帝の強制連行とか従軍慰安婦を事実だと言う在日朝鮮人や左翼や日教組が多くいますが、捏造された話を元に叫び続けることはやめてもらいたいと思います。朝鮮の奴隷化と言いますが、元々朝鮮半島には奴隷制度があり、それを解放したのは日本です。必ず本当の歴史が明るみに出て、大勢の日本人や朝鮮人が真実を知る日が来ると信じています。

3、李承晩のやったこと

李承晩大統領自身が「アメリカの傀儡《かいらい》」であり、「アメリカの後ろ盾」によって大統領の座に就いていたことは、アメリカの公文書によって明らかです。李承晩大統領は朝鮮の独立運動に関わっていた経歴から、日本を激しく嫌いました。保導連盟事件、済州島四・三事件、国民防衛軍事件のような失政から国民の目をそらすために激しい反日教育を行い、現在でも南朝鮮社会に大きな影響を与えています。米国の傀儡大統領が南朝鮮人に反日教育をしたのです。

4、朝鮮進駐軍

昭和20（1945）年9月の「マッカーサー検閲30項目」の中に朝鮮人への批判が禁止さ

れたため、終戦直後からの朝鮮人犯罪の記録がほとんど残っておらず、なかったことにしたことが非常に多くあります。一方で関東大震災の時のなかったことが、朝鮮人虐殺などといかにもあったかのように伝えられてもいます。しかし当時の日本人は朝鮮人の数々の悪行《あくぎょう》を見て知っていました。戦後朝鮮人たちは、通りすがりの日本人に言いがかりをつけ集団暴行までしました。無銭飲食などは当たり前であり、白昼目についた婦女子を路上で集団強姦をしまくり、こういう光景は日常茶飯事であったことが警察に被害として記録されています。朝鮮人は武装解除された日本軍の歩兵銃や拳銃を盗み、約3万人の朝鮮人が「朝鮮進駐軍」を名乗って無差別に日本人を殺害しました。GHQの記録には4000人以上の日本人が殺されたとあります。

朝鮮進駐軍は、国有地も都心駅前一等地の土地も不法略奪し、金品略奪、婦女子強姦、銀行襲撃、食料や商品を根こそぎ奪って全て闇市で売りさばき暴利で財を成し、日本中にパチンコ店や風俗が増えました。この不法占拠のまま土地が登記されて現在に至ります。

5、在日朝鮮人、特別永住者の発生

SF条約により在日朝鮮人は日本国籍から正式に離脱をしました。在日朝鮮人の日本国籍を取りあげたのは、GHQと駐日大韓民国代表部です。不服とした在日朝鮮人が訴えましたが、日本は「朝鮮・台湾の領土と対人権利も放棄した」として最高裁は訴えを棄却《ききゃく》、在日朝鮮人が日本に滞在する法的根拠がなくなりました。

　昭和40（1965）年、日韓国交回復と共に在日朝鮮人の扱いを決めた「日韓法的地位協定」が締結《ていけつ》されました。朝鮮戦争で日本にいた朝鮮人が「帰りたくない」と強く主張すると、哀れに思った日本は朝鮮戦争終結まで帰国を猶予《ゆうよ》してあげました。戦争が終結し朝鮮が統一されれば、滞在資格は消滅すると公式外交文書に記録されました。法的地位協定で永住を許可された者の直系卑属として日本で出生した者（いわゆる在日2世）の日本での居住は、協定発効25年を経過するまでとされ、平成3（1991）年に在日朝鮮人の永住資格はなくなりました。

　しかし民団による「差別撤廃」「権益擁護」運動が行われ、公明党、民主党、共産党、社会党が在日朝鮮人擁護の主張を繰り返しました。「91年問題」と言われ、当時の宮澤《みやざわ》喜一《きいち》総理と河野《こうの》洋平《ようへい》官房長官により、在日の法的地位及び待遇に関して「日韓覚書」が結ばれ、「特別永住者」が生まれました。歴史としては平成になってからで浅く、決して日本人に根づいたとは言えません。今日の南朝鮮との関係を考えれば、この時制定された「入管特例法」を改正し、特別永住者という資格を削除することは充分に可能です。出て行け出て行けが、ヘイトスピーチだと言われるなら、入管特例法の改正を叫べば良いのです。

北朝鮮は日本に向けてミサイルを撃ち、拉致被害者を返さず、日本を脅《おど》す敵国そのものであり、南朝鮮も相変わらず反日行動を行う敵国です。日本には朝鮮学校や朝鮮総連が平然と存在していますが、本来こんなものは敵国の工作機関として強制的に解散させ、在日朝鮮人は全て半島に返すのが国益を考えれば当然のことです。

政治家が本気で国民の生命・財産を守るつもりがあるのならば、日本人を一番殺してきた在日朝鮮人を真っ先にこの日本から強制退去させることです。

五、南朝鮮の反日の本質とは

1、南朝鮮には誇れるものがない

南朝鮮人自身は自国製品を全く信用しません。南朝鮮では様々な不正がまかり通ると同時に、誰もが当たり前のように不正を行うため何もかもが信用できないジレンマに陥っています。彼らの受けた教育と認識では「劣等なはず」の日本人が作ったものを絶対的に信用します。南朝鮮では他人を騙《だま》し、自分が不正を行わなければ利益は上がらない、そのような共通認識ができあがっているので、多くの南朝鮮人は自国社会が信用できないと考えているのです。誰もが簡単に不正に手を染め、さらなる社会不信を招く結果になりました。他国もしくは他人の劣等性を感じることにより、自国の優越性を「実感する」ことでバランスをとっているのです。東日本大震災後、それまで福島県からの輸入品など皆無だったのにあえて福島県産物に対する輸入規制を設けました。日本の製品は放射能汚染されていて信用できないとすることで、相対的に南朝鮮産の方が信用できるという構図を作ったのです。「日本の劣等性」を世界に向けてアピールすることで、南朝鮮人の優越性を実感することができ、さらにアメリカへ、中共へとすり寄ったことで不信感を持たれたのではないかという不安感からも相対化して打ち消せるのです。

さらなる不信感や不安感に見舞われたら、またさらに別の他者の劣等性を見つければ良いのであり、他者から南朝鮮の問題点を指摘されたら、指摘した側の問題点を見つけ出し相対化することで、自己の問題を打ち消し相手の問題にすり替えてしまえば良いと考えています。

南朝鮮は、自分たちがかつて日本人だったことや戦争に協力した史実を隠蔽《いんぺい》し続け、なかったことにすることで、中共と一緒になって日本の歴史を非難したいのです。目的はただ一つ、日本からの経済援助です。責任逃れのためならどんな無理な嘘でもつき通すのが韓民族です。

2、南朝鮮と中共の反日の違い

南朝鮮人独特の価値観から発生した必然が、結果的に反日を生み出しています。一見中共の反日政策と似ていますが、全く異なるプロセスとロジックが存在しています。南朝鮮の反日は、社会改善の代替行為では決してありません。南朝鮮社会における反日は、一種の安全装置だと思います。中共と違い、反日が代替行為とはなっていません。他者への蔑視《べっし》ありきという、自国民族中心主義という価値観の社会では、他者の劣等性を指摘すれば、自己の現状がどうであれ相対的かつ無条件に自己の優越性が保障されるという独特の社会観を持っています。たとえ社会を一切信用できなくとも、他者（他の社会）の劣等性だけを指摘できれば、それで自身が所属する社会の優越性が実感できるのです。

南朝鮮社会における反日は、中共のように政府主導で行われる反日の代替物という要素よりも、他社への蔑視ありきという自国民族中心主義ならではの、独特の価値観によって成り立つ行為です。中共のように政府主導で行われる国内の不満の矛先そらしとはだいぶ事情が異なります。

3、在日朝鮮人（特別永住者）を分析すると

昭和24（1949）年10月7日、駐日南朝鮮代表部大使はマッカーサー連合軍司令官に対し、在日南朝鮮人の法的地位に関する見解を伝えています。要旨を抜粋《ばっすい》すると、

「大韓民国人はその所在の如何《いかん》を問わず連合国民としての待遇を正当に受けるべきであり、日本の戦争目的で強制的に渡日させられた同胞たちが誰よりも先に連合国人の待遇を堂々と保有すべきだと見るものである」

「在日同胞に対して最初から定住するという自由意志により渡来してきたという見解から第一次世界大戦時のドイツの割譲地における国籍選択問題と同一視できると言うが、これは大韓民国を故意に謀略する日本人学者の悪毒な詭弁《きべん》に過ぎない」

「絶対に初めから定住意志により渡日してきたのではない。従って国籍選択権云々はやはり絶対に不当な見解であると論断せざるを得ない。そして在日大韓国民の中に日本国籍の取得を希望するものが全くないとは言えず、万一いたならばそれは単純な〝帰化〟問題であり、国籍選択権と混同して錯覚してはならない」

「1948（昭和23）年。大韓民国政府の樹立と同時に当然の事ながら在日大韓国民は母国の国籍を創設的ではなく、宣言的に回復し、国連からの承認も国際公法上確認され、日本国籍は解放と同時に完全に離脱されたのである」

南朝鮮政府だけでなく、在日の朝鮮建国促進青年同盟（民団系）も「朝鮮人が外国人であることは明白な事実である」からそれを一部留保するような勅令《ちょくれい》は、朝鮮人を侮辱するものだとして削除を要求しています。

当時の南北朝鮮人で「我々に国籍選択の自由を」などと言った人はいないのです。敗戦国日本の国籍などを維持したい人などいませんでした。逆に日本政府が在日南北朝鮮人は日本国籍を有する、という見解に抗議をする人がほとんどだったのです。

在日南北朝鮮人は、日本国籍を喪失して無権利状態どころか、占領期間中は敗戦国民の日本人を横目に、第三国人という立場を利用して経済活動をしていました。在日朝鮮人は日本人と平等に扱われることを拒否しました。当時を知る人が少なくなったからといって、今頃になって日本人と平等に扱えとは虫が良すぎます。今頃になって主張するのは、日本が自由で豊かな国になり南北朝鮮とは大きな差ができたからで、日本国籍を持っていた方が得だと考えるようになったからです。万が一にも南朝鮮が日本より豊かな国になっていたら、在日朝鮮人は決してこういう主張はしません。そしてさっさと帰国をしています。

南朝鮮が独立をさせてもらい南朝鮮人となり、日韓条約で請求権の問題で決着がついた以上、南朝鮮には日本にもう何の請求権もありません。請求したければ自国の政府に請求すべきです。けじめのない要求はいい加減にしてもらいたいと思います。

4、在日朝鮮人連盟（朝連）の結成

昭和20（1945）年9月10日に結成された在日朝鮮人連盟（以下「朝連」と略す）中央

準備会は、すぐ帰国同胞援助の活動に入り、朝連が南朝鮮などに帰国する在日朝鮮人に「帰国証明」を発行し、列車・バスの無賃乗車、時には客車の中に「朝鮮人専用」と書き、日本人を乗車させないこともありました。駅長を脅かし、発車した列車を呼び戻すことまでしました。GHQ（連合国総司令部）は同年9月30日「朝鮮人連盟発行の鉄道旅行乗車券禁止に関する覚書」で、朝連が「治外法権的地位にないこと」を明らかにしました。この覚書を見ればわかるように、朝連はこれまでなんと「治外法権」を持っていたのです。当時各地にあった朝連は、保安隊、自衛隊、警備隊、自治隊などを作り、独自の警察権力類似行為を行っていました。さらに「朝連」の名で、集団強盗、略奪、殴打暴行、破壊、占拠監禁、人民裁判までもが行われました。公然と社会秩序を乱し何事も暴力で解決しようとする在日朝鮮人の言動に、日本人が「三国人」は怖いと考えることが果たして民族差別になるのでしょうか。

GHQは、約200万人の在日朝鮮人を朝鮮本国に帰国させることを基本方針としていました。ところが南朝鮮に帰国したところ、政治・経済ともに不安・混乱を極めており、生活不安なども重なりその上コレラなども流行していて、帰国事業は事実上ストップをしました。日本にいれば「連合国人」「解放国民」としての自由が保障されており、いったん帰国した人たちが日本に逆流する現象も見られました。

昭和22（1947）年5月2日、GHQの命令で「外国人登録令」が在日朝鮮人などに施行されたのは、日本への密入国、米などの不正受給防止の二つの目的でした。

5、本国は在日南朝鮮人をどのように見ているか

南朝鮮の盧武鉉《ノムヒョン》元大統領が在日を語る「平成15（2003）年6月の訪日時TBSのテレビ番組」

「異国で国籍を死守することがいいとは思わない、同胞にはその社会で貢献して欲しい」

「朝鮮戦争から逃げた連中が、祖国統一を口にするのはおかしな話だ。日本には弾は飛んでこないだろう。僑胞《きょうほう》にそんなことを言う資格などない」

「私は僑胞の連中を信用などしていない。徴兵の義務を負わないくせに韓国人を名乗り、日本の選挙権を求める。馬鹿げていないか。つまりは、いいとこ取りではないか。私たちが苦しい思いをしていた頃、僑胞の連中は私たちよりいい暮らしを日本でしていたのだ。僑胞は僑胞だ。韓国人ではない」

在日朝鮮人の多くは、現在の南朝鮮に本籍を持っています。婚姻・出産・死亡等、戸籍の記載事項に変更があった場合は、本来は南朝鮮領事館に届け出る必要があります。しかし多くの在日朝鮮人は、日本の役所だけに届出を行い、南朝鮮領事館への届出をしません。出生時に南朝鮮領事館に出生申告の届出を行わないと、南朝鮮戸籍には記載がされません。南朝

鮮の戸籍がないと相続手続きを行うことも、パスポートを取得することもできません。そこで自民党の河野太郎《こうのたろう》議員や櫻井《さくらい》よしこ女史が主張するのが、「特別永住者等の国籍取得特例法案」です。在日朝鮮人に無条件で国籍を与え「二重国籍も認める」ことが河野私案に盛り込まれています。この点については絶対にお2人の支持はできません。

6、在日朝鮮人の国外退去・強制送還の現状

在日朝鮮人の国外退去・強制送還は、統計を取り出した昭和53（1978）年以降に限られますが、その対象者は85人おり、実際に発布された人は30人います。特別永住者証明書は16歳になった時、その後7年ごとに更新があります。法務大臣がノーと言えば資格はなくなります。法務大臣の裁量に任されており、これらのことは第120回国会法務委員会議事録に記載されています。法務大臣が自己だけの裁量で特別永住資格を取り消すことができます。強制退去についても法務大臣の裁量に任されており、微罪であっても退去させることは可能なのです。

安倍自民党政権では、国民感情も考慮し、としながらも有識者会議の提言を受け入れ、入管法の厳格な適用そして特別永住者に対するいわゆる特権の見直し検証を関係省庁に指示をしています。

在日朝鮮人の強制退去は行われていません。簡単に言うと罰と処分の違いです。罰は刑事処分であり、処分とは行政による判断です。罰としての強制退去は、いまだ一例もありません。寸又峡の金嬉老《キムヒロ》事件、行政による強制退去処分となり、在日朝鮮人の特別永住権を失い再入国もできません。平成26（2014）年6月18日に公布された入管法の改正により、第一号の罰則による強制送還が実施される可能性が高まったことがあります。ある暴力団の組長に対する判決で、検察が更生する可能性はないとまで論告をしました。入管法の改正により罰則として強制退去が可能になったのです。この事案では結局、罰則ではなく処分として、服役中の在日朝鮮人が一昨年（平成28〈2016〉年）送還されました。この場合は法務大臣が権限者となります。凶悪犯罪をすれば、特別永住者でも国外退去・強制送還になるのです。

在日朝鮮人が、どうしても日本領土にとどまりたいと言うのなら、3世だろうが4世だろうが、日本に心の底から感謝しつつ、日本の生活習慣に従い、法律やマナーを順守し、おとなしく平穏に暮らすしかありません。それができないのならこの日本から出て行ってもらうしかありません。子供にでもわかる道理です。

六、これでも好きになれるか、仲良くできるのか

1、平昌五輪の背景

ＩＯＣ国際オリンピック委員会は、２０１８（平成30）年の冬季オリンピックに南朝鮮の平昌での開催を決定しました。

日本と南朝鮮の間では（南朝鮮に限らず各国と、主として外務省が）いわゆる官僚の事務レベルにおいて様々な分野で協議が続けられています。日本国民として少しでもその内容を漏れ聞くと、怒りが噴出するのが平昌五輪への支援の依頼です。日本人なら「国交断絶」と叫ぶレベルになります。どこまで図々《ずうずう》しい厚顔無恥の国家なのか、その理由として日韓基本条約にまで遡らなければなりませんが、さらに当時の民主党が原因でした。

なぜ南朝鮮の平昌が選出されたのか？　地形からしてアルペン競技は無理と言われていました。予算面でも明確に確保されておらず、どこの空港を使うのかいずれにしろ国際空港はわずか3空港しかないのに、空港から競技会場までの交通アクセスにも疑問がありました。

さらに深刻なのがリュージュとかボブスレーです。南朝鮮内にはたった一つのコースもありませんでした。南朝鮮での競技人口はゼロと言われています。つまり用具さえ南朝鮮には

ないのです。コースの設計のノウハウもなく資金も予算化されていない、果たしてどうすればコース等が完成するのか、リュージュは世界初の室内でなんとかなるなどと異常でした。それではどんな思惑があったのでしょうか？

日本に技術とコース設計、そして資金を要求したのです。もっと驚くことに日本の協力が得られると了解もなしにＩＯＣに発言をしていました。オリンピック直前合宿や調整等は南朝鮮内では不可能なので、各国選手と役員等数万人が日本に滞在し経済効果がある、それは平昌オリンピックのおかげだから資金を援助しろと要求をしてきたのです。自国でオリンピックを開催するのに、練習するのに充分な施設がないからと他国に頼る醜《みにく》さ、開催の資格などすでになかったのです。助けてくださいとお願いもなく、オレが貰ってやるからお前は施《ほどこ》せと言う、礼儀も恩義もなく高飛車にたかられました。

平昌オリンピックは、ワールドカップ共催同様に日本におんぶに抱っこで開催されます。この誘致にはサッカー協会の交流から、日本国内のあらゆる南朝鮮企業も協力させ、当時の民主党政権を良いことに民主党議員等に働きかけました。選挙御礼に民潭訪問する売国民主党議員を利用し、日本の支援があるからとロビー活動し無理やりＩＯＣを説き伏せた誘致でした。しかも予算のあてがないまま日本をあてにしていたのです。

2、平昌五輪での日本へのたかり

中東のイランがホルムズ海峡封鎖と騒いだ頃、国際社会はイランに対し経済制裁で石油の買い受けを縮小しました。経済的打撃を与えるためです。影響を受けたのが南朝鮮で、イランとの取引量が大きかったのです。南朝鮮国内の原発の不備も重なり、常に電力不足です。日本に救いを求め、当時民主党政権の要請に基づき新日本石油が各石油製品の供給に応じました。しかし南朝鮮に買う資金がなく、東京三菱ＵＦＪが南朝鮮輸出入銀行に約６００億ドルを貸付け、新日石との取引に対し三菱ＵＦＪがＬＣの保証までしました。この資金をなんと南朝鮮は平昌オリンピックにも利用したのです。大韓銀行は国営に近い政府系ですが、東京三菱ＵＦＪに対しオリンピックインフラ整備として借款《しゃっかん》まで求め、保証もないまま応じた形になりました。南朝鮮の言い分は、直前の調整等は多くの参加各国が日本でやるのだからという理由です。

3、たかりの背景にある日韓基本条約

南朝鮮が無視する日韓基本条約。条約無視という国際社会の非常識さで日本に大きな影響が出ました。

日韓基本条約という国際間の合意を一方的に勝手に破棄《はき》したとしか思えません。南朝鮮の

司法が日本との日韓基本条約での合意は無効であるという判断を示したと理解せざるを得ません。条約により日本への請求権は一切なくなっているにもかかわらず、南朝鮮の司法は請求権があると認める判断をしたのです。日本はもちろん、普通のまともな国では条約は憲法より優先されます。

２００５（平成17）年に、南朝鮮側の日韓基本条約での交渉過程の公文書が公開された時、南朝鮮では大変な騒ぎになりました。南朝鮮政府が代表して慰安婦等も含む北朝鮮の分まで、戦後保障ではない経済協力金として日本から多額の金銭を受け取っていたことが明らかになりました。南朝鮮国民は、国家予算以上に当たる日本からの経済協力金が自国政府に支払われていたことを全く知りませんでした。

日韓基本条約に基づく日韓請求権協定では、日本は何も悪いことはしていないと明確にしたうえで経済協力金を無償3億ドル、有償2億ドル、民間2億ドルを支払うこととし、「請求権の問題は完全且《か》つ最終的に解決された」となりました。世界50カ国以上が参加した連合国とのＳＦ条約でも日本に対する個別的請求権は解決されたことが最終的に確認されています。南朝鮮は参加していませんが当時はアメリカの統治下にあり、アメリカが決めたことは南朝鮮にも適用されました。つまり南朝鮮は、世界各国に条約を守らない「ならず者国家」になりました。

この日韓基本条約で竹島は紛争処理事項として確認のうえ、棚上げされました。竹島は日本の領土であり、南朝鮮が武力侵略をしているので紛争はありますが、その処理は棚上げすることが合意されています。重ねて言いますが、棚上げされたのはその処理ということであり、あくまでその処理です。領有権についてはずっと日本であり南朝鮮領などとは一度も認めても認められてもいません。南朝鮮がわが領土などと全く主張できないことは明文化されています。そしてあくまで処理の棚上げですから、いつでも棚から下ろすことができます。しかし河野《こうの》一郎《いちろう》がなんと「解決せざるをもって、解決したとみなす」と発言をしたのです。河野太郎外務大臣の祖父であり、河野洋平の父です。この発言等が売国ということで、大磯の河野邸が故野村秋介《のむらしゅうすけ》により焼き討ちにされました。

日韓基本条約にはこれ以前に締結された条約や協定は「もはや無効である」ことが確認される、という条文があります。戦前の南朝鮮ではなかった時代までは主張できるはずもないのですが、これを根拠に南朝鮮は日韓併合条約までもが無効であると主張するのです。とてもまともにつき合える国ではありません。日韓併合は李王朝時代です。１９５０（昭和25）年頃にできた国が、それ以前に遡って法律を適用することはできません。南朝鮮の憲法判断は併合時代のことを、国の創立と共に成立した憲法で判断をしています。民主国家である以上法律不遡及《ふそきゅう》の原則と言い、新しい法律でそれより過去のことを適用することは許されません。

４、日本の国益を守るために

どうしたら日本の国益を守れるかを考えなければいけません。南朝鮮を批判しているだけでは日本の威信に傷がつくだけです。国際条約の破棄までせずとも、南朝鮮司法の判断を根拠に様々な手を打つことができます。

南朝鮮が日韓基本条約を無視するなら、日韓基本条約の付随協約にある特別地位協定も無視できることになり、在日朝鮮人が日本に在住できる理由がなくなります。南朝鮮側の日本への請求権という条約では認められていないことを、南朝鮮側の司法があると認めた判断には、日本側にも復活できる権利が生まれます。支払った経済協力金の返還も請求でき、朝鮮半島を連合国に放棄した時の日本のインフラ整備である学校、建物、ダム、灌漑《かんがい》施設などの国家資産や個人資産、約53億ドルにものぼる賠償請求権が日本にも復活することになります。

南朝鮮が嫌がることですが、北朝鮮と堂々と交渉ができるようになります。説明すると、日韓基本条約の第３条に南朝鮮政府の地位を「国際連合総合決議第１９５条に明らかに示されている通り」として半島での合法的政府として認めています。この取り決めも崩れると解釈でき、南朝鮮政府が合法的政府でなくなれば直接北朝鮮と交渉できることになります。現在は一応南朝鮮へ連絡や説明などをして無視をすることはできません。

南朝鮮の最高裁判所が、日韓基本条約にある請求権の消滅を、一方的にまだ存在すると条約を廃棄したとも言える判断を示したことになります。具体的にどういうことになるかというと、

・売春婦問題を政府が日本と外交交渉しないのは、売春婦の権利を侵害し違憲。
・募集して徴用したのに、新日鉄や三菱重工に対する個人の賠償請求は有効。
・靖国放火犯を政治犯とし日本に引き渡しを求めなかったのは違憲。
・日本から盗まれたと認めているのに、日本への仏像返還は認めない。

こんな判断を南朝鮮の最高裁がしたということです。

5、菅直人元総理の功罪

菅《かん》元総理が、平成23（2011）年6月に発効させた民主党の悪事の一つが「日韓図書協定」です。日韓基本条約で一切の請求権はないとした精神に反する国際条約違反です、しかも日本が盗んだものでも何でもありません。1205冊が対象になりました。この返還は日韓基本条約に反することから、他のことについても請求権が復活する可能性があると、南朝鮮に錯覚をさせたのです。日韓基本条約にある全ての清算は済んだとの条文があるにもかか

わらず、返還する例ができたとしてでっち上げを理由に、保障を求めてくるようになりました。

七、これでも好きになれるの？　南朝鮮と在日朝鮮人

1、南朝鮮の教科書

グローバル・スタンダードと言われる南朝鮮の国定教科書に書かれていることです。

①日本は7世紀ごろまで人口の7割は韓国人だった。
②韓国人は野蛮な日本人に文化を伝えてあげた。
③世界一文明が発達した韓国から豊臣秀吉《とよとみひでよし》や日本が財産を奪い、そのお金で日本は先進国になった。
④日本は第2次世界大戦で韓国に敗れたが、未だ賠償金を支払っていない。
⑤現在、韓国は世界一豊かな工業先進国であり、その証拠に世界大統領とも言われる国連の事務総長は韓国人である。
⑥15世紀の韓国大航海時代に、世界中に韓国の文化が伝わった。英語はもともと韓国語が派生して生まれた。今でも世界中の上流階級や国際交渉の場では韓国語が公用語である。

⑦アメリカに野球を教えたのは韓国人である。
⑧アメリカ大陸は韓国人の水先案内で発見されたがコロンブスが独り占めしただけの話。
⑨ノーベル賞は実質韓国人が一位の受賞国、発表しないだけで2番―3番の人がコピーして受賞している。
⑩キリストは韓国人であることは歴史を勉強した人なら分かる、聖書に書いてある。
⑪月に最初に行ったのは韓国人である、その証拠に月にはハングルで書かれたビザがある。

これは冗談でもない、世界標準だという南朝鮮の教育の現実です。南朝鮮人は、学校で世界一優秀な民族だと教わります。先生が言うのだから正しいと思うしかありません。南朝鮮人の祖先は人間ではなく熊と人間以外の掛け合わせだとも教えられます。架空の人物？　なのに「檀君（ダンクン）」という人は本当にすごい人だと思っています。中華文明といっても、所詮《しょせん》韓国文明が発祥であり、中共に伝えられたにすぎないと教えられます。南朝鮮という国家が成立した当時は、南朝鮮以外は野蛮だったので、南朝鮮より温暖な中華中原に古代韓国人が出現して、夏、殷、漢等中華文明を作り出したとされています。キリストも元々は南朝鮮人であり、生まれたところがイスラエルだったにすぎないのです。南朝鮮人は、半万年の歴史を持つ世界で最も優秀な民族なので、南朝鮮製品は世界中の人間がほしがるべきであり、南朝鮮の考え方は世界中の人が理解すべきだと教えられています。その世界一優秀な南朝鮮人の英知の結集が「ハングル」に代表されているということになっています。

古朝鮮はかつて全世界の支配者であり、全ての文明の源流は朝鮮半島にあり、黄河文明、長江文明はそこから流れ出たほんのわずかな支流にすぎない。のみならず、チグリス・ユーフラテス文明を立てたのは当時最先端の青銅器文明を誇っていた朝鮮であり、ナイルの治水を行ったのも、マスゲームに代表される全員一致行動を土木に適用し、驚くべき実力を発揮した朝鮮民族に他ならない。他にも朝鮮民族は凍ったベーリング海を渡り、最古のアメリカ大陸到達者として、至ったのである。犬を食用として飼っていたのはその証拠の一つとして挙げられよう。マヤ文明において星をながめ、インカ文明において、無双の石材加工技術を極めた朝鮮民族は悲しむべきことに、精神文明を高めすぎたために、その後発展してきた有象無象の文明に譲歩し、現在に至ってしまうことになった。

少しは笑っていただけたでしょうか。でも笑って済ませることではありません。

2、在日朝鮮人に反論するために

憲法を知れば左翼やマスメディアそして在日にもきちんと反論ができます。

第十二条　この憲法が国民に保障する自由及び権利は、国民の不断の努力によって、これを保持しなければならない。又、国民は、これを濫用《らんよう》してはならないのであつて、常に公共の福祉のためにこれを利用する責任を負ふ。
第十四条　すべて国民は、法の下に平等であって、人種、信条、性別、社会的身分又は門地により、政治的、経済的又は社会的関係において、差別されない。

対象が日本国民となっており、他の条文の「何人」とは、明確に区別されています。さらに不断の努力がなければ、自由及び権利の保持は認められません、濫用も許されず、決して個人のためだけではなく日本社会全体のために利用しなければ、憲法が保障する自由と権利は与えられません。あくまで法の下において平等なのであり、差があること、差が生まれることには言及をしていません。社会関係において区別されないだけで、外国人と日本人とでは明らかに差があり、憲法においても別に扱われています。

在日朝鮮人は、絶対に日本国民ではありません。そこには日本国民ではないという「差」があります。日本国民とは違い、なんらの努力もせず、寄生しておいてただ「差」があると吠《ほ》え、己のためだけに自由と権利を保障しろと主張します。日本国憲法に照らし合わせると、日本人と在日朝鮮人の間には「差」があるのは当然であり、その「差」に応じて「別」にすることは何も悪いことではありません。悪いのは、偏見や思い込み、在日朝鮮人の態度等により侮蔑することであり、差があるのだから別に扱うのは当然なのです。

一所懸命に勉強し何らかの試験で高い点数を取れば合格し、取れなければ不合格となります。何倍も練習し試合に勝てばご褒美《ほうび》がある、これらは誰も疑問に思わないでしょう。誰も差別などとも発言しないでしょう。努力した人とそうでない人も平等であっては、それこそ不平等ではないかと誰しもが思うでしょう。国家や民族でも同じです。長年の先人たちによる努力と貢献により世界から信用される日本及び日本人と、世界から全く信用を得られていない国と民族とでは、当たり前の「差」があり「別に扱われる」のも仕方がありません。

日本人には、２６７７年続く天皇陛下によりもたらされる「仁」「慈悲」「和の精神」に基づき、相手を尊重し、思いやる心が育《はぐく》まれています。日本人同士でも能力の差はたくさんあります。プロとアマの違いがあり、先生と生徒でも違います。能力に差があって当然で別に扱わなければ、その差による弊害は大きくなります。日本人のやさしい心に付け込み「差別」という言葉で、日本人に対して申し訳ないと思わせているのです。在日朝鮮人やお金を貰い在日朝鮮人の味方をするような輩《やから》の「差別」という言葉に躊躇《ちゅうちょ》することはありません。憲法第12条を説明し、差は当然だと伝えれば良いのです。ヘイト、レイシストと言われても、憲法第12・14条を理解してから出直して来いと言えば良いのです。ただ出直して来いではなく、もう来るな、出て行けということも、日本国憲法の12条を遵守《じゅんしゅ》できないならとつけ加えれば良いのです。

第二章

中共は嫌いというより危険

反日だからと嫌ってばかりいられません。極めて日本にとって危険です

一、こんな間違いというか、嘘の情報が出回っています

1、「日本解放第二期工作要綱」とは

中共共産党の対日工作計画とされる文書「日本解放第二期工作要綱」については多くの方がご存じだと思います。しかしこの文書は、その作成時期や文章表現・掲載媒体など様々な側面から検証していくと、中共共産党による文書とは到底《とうてい》判断できないということが最近の研究で明らかになりました。

この「要綱」は、日中国交正常化直前の昭和47（1972）年に、徳富蘇峰《とくとみそほう》が創刊した「国民新聞」という右翼系の機関紙に、一種の飛ばし記事として掲載されました。しかしながらこの要綱は、日中国交化に反対する国民新聞が作成し、日本国民に危機感を持たせるために掲載したものでした。

2、中共による日本人への好感度工作は大失敗をしている

要綱には、中共共産党による日本のマスコミや政治家に対する取り込み工作が、詳細に述べられています。一連の工作では、何よりもまず日本国内における親中的な世論の形成（文

中の表現で言えば「群衆掌握の心理戦」）を前提としたうえで実施していくことでした。第一歩として、中共の芸術品の展覧会、舞劇団や雑技団などの芸能公演、スポーツ選手団の派遣などとされています。いわゆるソフトパワーを用いた親中化世論工作というべきものでした。

確かに中共は、１９７０年代から１９８０年代にかけて、日中友好の名の下に対日文化交流を熱心に行い、日本側の対中好感度も７割近い高水準を誇っていました。しかしながらこうした日本側の好感は、中共側の直接的な働きかけの結果というより、日本人が中共に対して元来から抱く「輝かしい伝統文化を持っている国」「日本文化の来源」という昔ながらの中共のイメージが、当時はまだ色濃く残っていたからだと推察されます。

３、世界で最も中共嫌いの国、日本

日本人の対中好感度は１９８９（平成元）年の天安門事件で５割を割り、さらに２００４（平成16）年頃から表面化した反日運動でさらに下がり、平成22（２０１０）年の尖閣沖漁船衝突事件でまた下がりと、階段式に減少し続けています。これは内閣府の調査であるためか数字はやや穏やかになっていると思いますが、新聞各社の調査では近年の日本人の対中好感度はわずか５％程度というデータすらあります。

日本解放第二期工作要綱において、個別の対日工作を行う大前提とされた「全日本人に中国への好感、親近感を抱かせる」という目的は、世界基準で見ても日本だけが突出して大失敗という結果になっています。

4、マスメディアが中共に操られている、ということはない

日本解放第二期工作要綱では、日本のマスコミ工作についてかなり多くの紙面が使われています。昭和47（1972）年当時の日本の主要メディアは、日中国交正常化を歓迎する論調でした。当時、左派やリベラルの世論は現在よりも強く、朝日新聞どころか読売新聞ですら、必ずしも右派的な論調ではなかった時代です。文化大革命を肯定的に捉えたり、林彪《りんぴょう》の失脚を疑問視したりと、中共当局に有利な姿勢の報道が多く見られたのも事実です。

しかしこうした当時の報道傾向が、中共共産党による対日マスコミ工作の結果なのか、それとも記者たちが閉鎖的状態にあった中共の限られた情報を拾ううちに誤謬《ごびゅう》が積み重なったのか、もしくは左派的な世論が現在よりも幅を利かせていた時代だったことにより「顧客」の側を向いた報道をやりすぎたためなのかは、現在になってもその意図《いと》は解明されていません。

現在でも日本のマスコミが中共に操られているという、この要綱を信じる人たちの主張が

事実に反しているのは明らかです。例えばネット上などでしばしば親中的な扱いがされる朝日新聞にしても、昨年（平成29〈2017〉年）だけをとっても実際は次のような記事を書いています。

・「ウイグル民族運動リーダー、チベット亡命政府と連携方針」朝日新聞デジタル（2／12）
・「天安門事件から28年、戦車にひかれ両足失った男性語る」朝日新聞デジタル（6／4）
・「劉霞《りゅうか》氏の出国実現を訴える、天安門事件の学生リーダーら」朝日新聞デジタル（7／18）
・「重慶市元トップの身柄拘束、党大会控え権力闘争激化か」朝日新聞デジタル（7／19）

ほか、「NHKウイグル」「毎日新聞 チベット」「東京新聞 天安門」などで検索をすると、中共当局にとっては極めて都合が悪そうな記事がいくらでもヒットします。日本のマスメディアは現在、安保法制など国内問題については左翼的論調をとる場合が多いのですが、実は中共に対しては相当嫌がることでも平気で報道をしています。ですから、確かに日本のマスメディア特に朝日新聞等が親中共であっても、全てではありませんがきちんと報道しており、決して操られているということはありません。ただ自ら中共の代弁者のような主張が多いことも事実です。親中共と報道は一応、区別をしていると言えます。

5、中共のマスメディア工作とは

中共が、日本等のマスメディアに何の働きかけもやっていないということではもちろんありません。日本人特派員の中共国内番号の携帯電話は常に必ず全て盗聴をされており、GPSによって居場所までもがきちんと把握《はあく》されています。日本人記者に対する、ハニートラップや不倫ネタなどを材料にした脅しもいくらでもあります。報道ビザの発給の権限を盾《たて》にすることもあれば、取材対象者の身の危険を匂わせて圧力をかける例もあるそうです。ですから中共における個別の事件について、日本のマスメディアが報道のトーンダウンを行わざるを得ないケースは当然あると思います。中共が日本のマスコミに対してやれることは、せいぜい個別案件について筆を鈍らせるなど、一部のスクープをお蔵入りさせる程度の範囲でしかありません。日本のマスメディアが中共批判報道を結構していることからも明らかなように、中共はその論調や紙面・番組づくりに公然と横やりを入れてくるような支配など、とてもできてはいません。

将来的に中共企業が広告出稿などを通じて日本のマスメディアに影響力を及ぼす可能性は少なからずあると思慮されます。しかし現時点においては日本のマスメディアが、中共に決して支配されてなどいないことも間違いありません。

つまり、中共による日本解放第二期工作要綱などは存在しておらず、しかも第一期すらありません。中共に危機感を持つことは大切ですが、誤った情報に捉われていることとの本質を見逃しかねません。

二、中共の日本への敵意

1、中共の目的は

中共は他国のことはさておき日本だけを侵略国家と呼び、捏造の南京事件を叫び、現在は武力を持って威嚇《いかく》し日本の領土尖閣を狙っています。一方で仲良くしましょうと、とても友好を求める態度は示さず口だけで叫びます。こんな野蛮な国を相手に仲良くする理由は全く見つかりません。強盗を手招きして迎え入れるようなものです。

尖閣諸島に関して、中共のまずの目的は日本との政治的問題にしてしまうことにあります。そうなると外交能力・駆け引きと不必要な諸問題も絡《から》んでしまいます。世界に尖閣は政治問題だと認識されては、どの国も両国間の問題であり不干渉となります。現在の中共公船による状況は、中共による一方的な日本の国土への侵略であり、政治問題ではありません。

2、中共が尖閣にこだわる理由、そしてその横暴さ

中共が尖閣諸島にこだわる理由は、太平洋に展開する出入り口になるということと、その近海にある天然資源であることはもはや説明するまでもないと思います。ただ絶対に忘れてはいけないことは天然資源という中には海洋資源、つまり13億人の大切な食料となる魚類も含まれているということです。とにかくエネルギーを求める中共は世界中で資源確保に手を広げています。その必死さと、なりふり構わずの姿勢が、世界中から顰蹙《ひんしゅく》を買う結果を招いています。中共の横暴は、世界でもそれなりに問題になっています。反中共運動の筆頭が「大紀元」です。九評共産党という論説により約600万人をこれまで共産党から脱党をさせました。この大紀元が応援するのが法輪功です。人口約600万人の香港で約1割の人が参加する反中共のデモが行われるようになりました。日本も中共の横暴に対し明確に抗議を発信しなければいけません。

中共とはうまくやった方がいい、ことを荒立てない方がいいという意見があります。1949（昭和24）年東トルキスタン侵攻、1951（昭和26）年チベット侵攻、1959（昭和34）年インドカシミール侵略、1969（昭和44）年珍宝島でソ連と争い、1979（昭和54）年ベトナム侵攻、1988（昭和63）年ベトナム海軍攻撃があります。中共にはこれ

だけの軍事侵略実績があります。中共に油断していては絶対にダメです。

過去、中共共産党による日本人虐殺事件はこれだけあります。尼港事件約750名、共産パルチザン事件44名、通州事件約230名、通化事件約3000名。さらに現在上海事変前後に起きた大山事件並びに日本人捕虜虐殺事件等が明らかになってきています。この事件については、一昨年（2016〈平成16〉年）CNNが報道し、スイス人による証拠写真の存在も確認されました。そして通化事件こそ、中共共産軍まさしく現在の中共です。今の中共が国も成立していない時代の、南京のようなでっち上げではない実際に起こった事件です。戦後の昭和21（1946）年2月3日、満州の通化省において、日本人と満民族が、中共共産軍と朝鮮人民義勇軍（今の北朝鮮）に3000人以上が虐殺された事件です。ソ連も通化省に進駐しており、日本人を虐殺しています。昭和29（1954）年に、日本政府により遺族援護法も成立しています。毎年2月3日には靖国で慰霊祭をしています。

3、中共の危険性

その一

中共は、日本に核搭載可能なミサイル約10基を保有し日本に向けています。日本国憲法の解釈では、仮に核の搭載準備・ミサイルへの燃料補給が確認されても発射をしない限り、日本はこの中共のミサイルを落とすことはできません。それが専守防衛であり守るだけが可能と解釈されています。

中共軍機に対する航空自衛隊の緊急発進は、中共が一方的に「東シナ海防空識別区」（中共版ＡＤＩＺ）を設定して以降、増加の一途をたどっています。航空自衛隊の緊急発進も、中共版ＡＤＩＺの空域内外に対応したものが圧倒的に多くなっています。平成24（２０１２）年度の中共機に対する航空自衛隊の緊急発進回数は３０６回で、すでにロシアの２４８回を上回っていましたが、平成27（２０１５）年度には５７１回、平成28（２０１６）年度には８５１回を数えました。

その二

文化庁は、一昨年（平成28〈２０１６〉年）中共の主要4都市における国外のアニメや音楽などの著作権侵害の実態を調査した結果を発表しました。日本の著作物の違法な視聴・ダウンロードなどが1年間の推計で約５６００億円、中共全体に換算すると約3兆８０００億円とみられるなど、被害の大きさが浮かび上がりました。調査は、北京、上海、広州、重慶で各１０００人を抽出《ちゅうしゅつ》して実施されました。映像、音楽、ゲームソフト、出版物に及ぶ計13分野の利用実態を、ネット上でアンケート調査をしました。中共では、日本のアニメやテレビドラマ、映画などが複製され、ネット上に流出していることがとても多く見られます。

また、ＣＤなどの音源もそのままコピーデータがダウンロードできる状態にアップロードされていることなどが確認できました。中共の著作権物に対する認識は極めて低いと言われています。それが日本のコンテンツを弱体化させる原因になっており、日本にとっては二重の被害になっています。

その三

米国議会の政策諮問機関「米中経済安保調査委員会」による、２０１７（平成29）年の年次報告書というものがあります。超党派機関として12人の専門家の委員（コミッショナー）を中心に活発な調査、研究活動を続け、その結果を議会と政府への政策提言として一部を公表しています。

２０１７年度の報告書は全体で６５７ページに及び、米中二国間関係だけでなく、米国の国家安全保障に影響を与える同盟国の日本と中共との関係についても多くの章で言及しています。

特に日本にとって注目すべきなのは、同報告書が中共の尖閣諸島への軍事がらみの攻勢によって日中関係の緊迫が高まっていることを強調し、中共側が具体的な尖閣奪取作戦を立案しているという見方も紹介しています。

米中経済安保調査会の２０１７年度報告書は、日中関係の緊迫した状況を伝え、「中共側は、日本が長年主張してきた尖閣諸島の統治の実権をすでに奪った」（中国人民解放軍・国防大学戦略研究所の孟祥青所長）という趣旨の見解まで紹介しました。さらに同報告書では、孟氏ら中国側の軍事専門家たちの著作などを根拠として、中共が尖閣諸島周辺での大規模な軍事演習を実施して、その演習を一気に実際の尖閣奪取作戦に変えるという戦術や、人民解放軍が正面から水陸両用攻撃で尖閣を占拠する作戦を立案していることも指摘しているのです。

4、中共が実際にやっていること

中共の脅威は現実として存在しており、中共は何らかの対日工作を行っていることは間違いありません。中共の諜報インテリジェンス工作は、必ずしも専門的に養成されたスパイ工作員を使わず、一般の在外中共人（留学生や中華料理店の従業員など）にお金を与えるなど、母国の親族に政治的優遇や迫害を与えることをエサにして、どんな小さなことでも構わないという草の根情報をやたらと集める傾向があります。かつて毛沢東は「日本の侵略に感謝する」と外交の場で繰り返し述べていました。公式の記録も残されています。「何も（日本は）謝ることはない。日本軍国主義は中国に大きな利益をもたらしてくれた。日本の皇軍なしには、私たちが権力を奪取することは不可能だった」とはっきりと述べています。

毛沢東の中共共産党は、抗日戦線の中で大きく成長し、ついには政権を樹立できるまでになりました。その共産党の正当性を主張するために、反日抗日が延々と利用され続けていることになります。

三、中共の反日の原点

1、「抗日」から「反日」へ

古くは大正4（1915）年の「対華21ヵ条要求」から始まると言われています。それ以前の日清戦争明治27（1894）年～明治28（1895）年では、まだ「抗日」は覚醒《かくせい》していませんでした。「抗日」として本格化したのは明治3（1928）年の済南事件からだと言われています。

済南事件とは中共山東省の済南で発生した中華国民革命軍の一部による日本人襲撃事件です。北伐中であった蒋介石《しょうかいせき》率いる国民革命軍と第二次山東出兵した日本軍との武力衝突事件です。済南事件で盛り上がった「抗日」運動は、その後満州事変昭和6（1931）年以降に引き継がれ、「抗日」運動はさらに高まっていきました。「抗日」は民間組織が主体でしたが、政府とは密接に連携をしていました。「抗日」のデモ自体は、現在と同様に「官製」

色の濃いものでした。現在の「反日」は江沢民《こうたくみん》が原点だとする見方もありますが、それだけでは決してありません。確かに江沢民は上海財閥を背景にして権力を掌中にすると「反日」でわが国からお金を搾《しぼ》り取りました。しかしもう少し中共共産党の反日感情の本質を見極めるために江沢民に注目してみると、「反日」に追いやった真の原点が見えてくると思います。

2、米英が中共人を煽動に利用した「抗日」

アメリカ、イギリスは日本を大陸から追放する手段として、根深い差別思想である中華思想を利用したのです。アメリカ、イギリスの目的は、中共人民を日本の侵略から守ることではありませんでした。

アメリカ、イギリスが中共人の「抗日」意識を煽動《せんどう》した目的は、大陸における自国の権益を守るため、日本を大陸から追放して満洲を強奪するため、自らの手を汚さずに有色人種同士に殺し合いをさせて、さらに時代遅れとなった旧式の武器を中共に売って儲けるためでした。日本は中共を決して侵略をしたのではありません。日本が「侵略」をしたというのであれば、それは西洋列国の権益を侵略、ということです。蒋介石も明確に「日本軍が列国の権益を蹂躪《じゅうりん》する」と言っています。中共人は西洋人の権益を守るために血を流して日本と戦い、そのうえ中共共産党という売国奴に国や私有財産そして自由までもが奪われてしまったのです。西洋列国の傀儡である中共共産党と中華民国国民党が叫んだスローガンは、「民族解放」「民生幸福」「民権自由」「土地革命」であり、「抗日」に騙され地獄へと突き進んでしまったのです。

3、中共の反日の原点とは

中共共産党が1994（平成6）年8月23日に発表した「愛国主義教育実施綱要」には、明確な反日の原点が掲げられています。

愛国主義教育実施綱要　1994（平成6）年8月23日　中共中央発表

「中華民族は愛国主義の光栄ある伝統に富んだ偉大な民族である。愛国主義は中国人民を動員し鼓舞して団結奮闘する一つの旗印であり、我が国社会歴史の前進を推進する巨大な力であり、各民族人民の共同の精神支柱である。現在、我が国人民は中国の特色ある社会主義理論と党の基本路線の指導の下で、社会主義市場経済の発展に大いに力をいれ、富強・民主・文明という社会主義現代化国家の建設に努力している。新たな歴史的条件のもとで、愛国主義の伝統を継承し発揚し、民族精神を奮い立たせ、全民族の力量を凝集し、全国各民族人民を団結し、自力更生し、苦難に満ちた事業を始めることは、中華民族の振興と奮闘のために、非常に重要な現実的意義をもつ。各級の党委と人民政府、関係の部門と人民団体はこの任務を必ず大変に重視し、また自らの任務の特徴と結びつけて積極的に愛国主義教育を繰り広げなければならない」

中共共産党はこの綱要を基《もと》に、翌年（１９９５〈平成７〉年）から青少年を重点対象として、徹底した反日教育を施すようになりました。その方法はあらゆる手段を通して実施されました。江沢民がどうのこうのと言う前に中共共産党の政策として「愛国教育」が徹底されたのです。絶対に言えるのはこの綱要が廃止されない限り、中共の「愛国教育」は延々と続き「反日」がやむことはありません。

南京で中共人民が30万人殺害された、日中戦争で数百万人以上の中共人民が日本軍に殺された、このように捏造をしてまでも、毛沢東による計画経済の失敗や文化大革命で数千万の自国民を殺した事実よりも、日本はそれ以上の極悪非道な国でなければならないのであり、それをいまさら変えるわけにもいかないのです。

4、反日が始まったのは

天安門事件とは、中共の北京市にある天安門広場に民主化を求めて集結していた学生を中心とした一般市民のデモ隊に対し、中共人民解放軍が武力弾圧（市民に向けての無差別発砲や装甲車で轢《ひ》き殺した）し、多数の死傷者を出した事件です。

この事件はその時ちょうどロシアのゴルバチョフ大統領が中共を訪問しており、多くの海外メディアも中共に入国していて、撮影を許可されていました。今まで情報が規制されて実態を知り得なかった中共のニュースがメディアにのって世界中へ配信されました。天安門事件が発生した後、中共政府は今回のような民主化運動を二度と行わせてはいけないと考えたのは当然です。中共にとって民主化が進むということは、共産党の崩壊を意味することになります。

その方針に則《のっと》り、国民を指導するために教育改革を行っていくことになりました。つまり国民の愛国心を高めることで、中共共産党の正当性を示し、地位を高めるようにしたのです。それに利用されたのが反日教育です。愛国心教育＝反日教育ということで、愛国心を高めるために必要な敵国として日本を定め、日本は戦争中侵略と残虐行為を繰り返した、ということをでっち上げました。そして中共共産党は、その日本の侵略から自由を勝ち取ったということにしたのです。

そうすることで、日本が悪、共産党が善という構図を作り、それを学校やマスメディアを通じて徹底的に推進していきました。特に中共のマスメディアは全て共産党の管理下に置かれ、自由な報道は著《いちじる》しく制限をされています。日本に関するニュースは全て悪いニュースとして報道し、ドラマでは抗日戦争を流して日本軍の残虐性を示し、学校の社会学習として中共全土にある抗日記念館へ行かせるようにしました。こうした影響により、中共人の反日感情が生み出され増殖されていきました。

現在でも中共では抗日戦争について、学校で長い時間をかけて授業をしています。実際に中共の中学校の教科書を読んでみると、日本では数ページで終わる内容が、中共では事実でもないことまで事細かに書かれています。そしてその代表が南京大虐殺となっているのです。人民教育出版社が刊行する高校生用の教科書『中国の歴史』の日本語訳版には、日本人がいかに残虐な民族であるかが記述されています。自国の汚点である文化大革命や天安門事件については隠蔽をし、一切教えてはいません。日中戦争の死傷者数は終戦当時1200万人と言われていました。それが江沢民主席の反日教育においては3500万人にまで膨れ上がりました。数字を改ざんすることにより中共政府が、国民を反日に洗脳しているのです。

学校の教科書は全て書き換えられ、日中戦争の日本軍でっち上げによる残虐行為だけを取り上げるようになりました。小学校の教師は、授業で日本軍の残虐行為を語る時に、感極まって泣き崩れるそうです。壮絶な話に興奮した生徒たちは泣き叫び、教科書を黒板に叩きつけ、机をひっくり返し、集団ヒステリー状態に陥ることもあるそうです。しかしそれが収まった後には、教室の中に恍惚《こうこつ》とした一体感と日本に対する激しい憎悪が生まれるのだといいます。

天安門事件は世界的なニュースとなりましたが、これをきっかけとして中共共産党は民主化を抑え込むことには成功をしました。そして民主化運動に関わった学生たちは、次々に逮捕されました。民主化を推進するような知識人や指導者の多くは、海外に逃れました。そして新たに中共の書記長となった江沢民は、鄧小平《とうしょうへい》の指示を受けて愛国教育を推進したのです。中共での愛国教育とは、共産党を愛そうという教育です。中共は共産党のおかげで発展した、共産党が日本と戦って人民を解放したという筋書きです。日本を徹底的な悪者に仕立て上げることで、共産党を礼賛する教育を推進したのです。これが中共で、根深く反日が形成されてしまった理由です。

四、中共は反日でいなければならない

1、その理由づけ、中共が反日になった理由

中共国民は日本が悪いと教育で植えつけられ、それを鵜呑《うの》みにしています。中共人全体で日本は「悪」ということです。子供の頃からの教育が、大人を形成するのに極めて重要なことになっています。日本が悪であると決めつけることは、国家的世論とするのか、一部の意

見であるとするのかの議論もあるようですが、やはり中共全体でしているとしか日本から見ると思えません。

それが国家にとっては非常に都合が良いからです。どういうことかというと昔から国内で内戦や反乱などが起きた時には、外に共通の敵がいると国内でのアイデンティティというか愛国心のようなものが必ず芽生えるのです。中共政府が日本を敵とみなして国民を洗脳することで、国内の政治やイデオロギー統一をスムーズに行うためだと言われています。ですから中共のマスメディアは、日本が今まで中共にしてきたというでっち上げの悲惨な行為を繰り返し放送し続けているのです。その結果、若い世代までもが反日感情を抱くようになってしまいました。

2、中共人の特性

中共人には、彼ら特有の「ウチ」と「ソト」という考え方があります。相手の懐《ふところ》に入るとでも言うのでしょうか、中共人は一度「ウチ」に入れてくれれば、国籍など気にしないと言われています。日本語を勉強していたり、日本文化が好きな中共人であれば、日本人は最初から「ウチ」の存在だし、同じマンションに住めば「日本人」ではなく「ご近所さん」としていろいろと世話を焼いたりもしてくれる人も多くいます。最初は多少の反日感情を持っていた中共人も、自分の生活範囲で接する機会が増えると友好的になるのです。

中共は国家の扇動《せんどう》で反日であり、国民は国家に同調を求められています。一方南朝鮮は、国民が反日の政策の大統領を求めているという違いがあると思います。

3、反日こそが自身の生きる道

毛沢東共産党、金日成共産革命軍共に、そのありとあらゆる蛮行《ばんこう》を抗日運動の名の下に正当化をする根拠として反日を利用しました。さらにその後の武力行使も正当化するために、日本帝国主義に対する抵抗手段として抗日運動を延長させているという根拠にもしたのです。つまり中共・朝鮮半島は、自らの行為を抗日運動という名の下で正当化をしてきているのであり、それがずっと今日まで続いているということなのです。

中共と南北朝鮮が反日の理由は、まさしく抗日運動という全ての蛮行を正当化する根拠であり、日本が天皇陛下により存在しているのと同様、両国にとっては抗日運動がその存在となっているのです。

戦後、米国が「日本は東南アジアで残虐な侵略行為を繰り返した」ということを植えつけるために様々な謀略を行ってきました。それは日本を批判するに値するための口実として、さらには自分たちの空襲や原爆投下といった残虐さを正当化するために、中共と共同して南京大虐殺という架空の事件まで捏造をしたのです。

孫子《そんし》以来、中共政府の方針とは謀略が第一であり、中央集権の統一メカニズムを維持するため盛んに情報操作・政治宣伝・悪質な謀略を用いることでした。本気で武器を用いた殺し合いをするのは愚か、と孫子は説いています。日本や欧米と違って中共は、国をかけての戦《いくさ》は苦手であり、北方の騎馬民族や英国や日本との実戦ではいつも完敗しています。その代わり中共の政治家は謀略を常に張り巡らします。自分の力は温存し、相手を分断させ、内部に手を突っ込んで混乱させてから、おもむろに相手に挑むということをいつも戦法にしています。唐が高句麗や突厥を滅ぼした時もそうだったし、毛沢東が現体制を築いた時も同じ戦法を採っていました。孫子呉子《ごし》の兵法書にも、戦は下の下策と書かれています。

五、今も続く反日政策

1、中共にとって一番邪魔でいらない国が日本

中共は、親中派の国会議員や創価学会、そして中共進出の企業、さらには日本国内の親中共派、そして日本人に成りすましの中共人、等により盛んに中共と連携することの重要性を吹き込んでいます。それが現在一番活発なのが沖縄であり、それは必ず日本全国に広がりま

す。中共にとって一番邪魔でいらない国が日本である以上、わが国が何回謝罪をしても反日がなくなることはありません。しかも日本からの謝罪は、中共国民には一切知らされていないのです。ＯＤＡなどわが国からの厖大《ぼうだい》な援助資金も、中共人民には知らされてはいません。極悪非道人から莫大な援助金を貰っているなどと、中共政府は国民には言えないのです。ですから一般の中共人民は、日本は謝罪も賠償もしていないと本気で信じています。もっとも今の中共と交戦したことのないわが国は、当然ですが賠償金を払ってはいません。もし払うとすれば賠償の相手は、台湾にいる中華民国国民党軍です。

2、それでも日本は中共を助けた

世界に類のない人民弾圧の天安門事件で、国際的にも徹底的なダメージを受けた中共は、名誉奪還のために天皇陛下の訪中を画策《かくさく》しました。日中国交正常化20周年となる平成４（1992）年、中共の思惑は大成功し、天皇陛下の訪中により国際的イメージは回復することになりました。中共に救いの手を差し伸べたのが、当時の宮澤喜一総理です。世界各国の要人が、共産国である中共を訪問することを躊躇していたのに、なんと天皇皇后両陛下が真っ先に訪中したというのですから、世界が呆《あき》れると同時に驚いたのです。そして中共はこうして天安門事件の苦境から脱出することができました。

それでも中共から前述した「愛国主義教育実施綱要」が消えることはありませんでした。それどころ日中国交正常化20周年の行事が全て終了すると、中共はさらに日本を利用して金をせびり、愛国教育を徹底させて、思想教育を強化していきました。総理大臣の靖国神社参拝はA級戦犯が祀《まつ》られているからけしからんと外交カードにして、靖国を利用してわが国に圧力をかけてくるのです。最近では尖閣諸島での領海侵犯やレアメタルなど、つい昨年（平成29〈2017〉年）も邦人をスパイ容疑で拘束し外交カードとし、さらに「ユネスコの世界記憶遺産」では捏造した歴史認識とでっち上げの資料でユネスコ事務局長を籠絡《ろうらく》して登録をさせてしまいました。

3、中共の反日政策

江沢民は、靖国神社は有効な外交カードだから、決して離さないようにと次期主席に申し送りをしました。つまり反日教育は中共の国策として、決してやめてしまうことのないように胡錦濤《こきんとう》に申し送りました。ですから日本がどのような外交をしようと、中共は反日の矛先を緩めることは絶対にありません。中共から反日を消し去るには、中共共産党の崩壊を待たねばならないと思います。一度味をしめた反日という甘い蜜は、そう簡単に忘れ去ることなどできません。「特亞《とくあ》」という特殊な儒教国家に囲まれた島国である日本は、逆に言えば主権国家としての存在が消滅するまで反日は消えない、という覚悟をしなければいけません。

4、中共のプロパガンダ

普通の国ならこのような政策はうまくいきそうにありませんが、中共はそもそも民主主義の国ではなく、政府による情報規制も厳しい国なので、一般の民衆には正しい情報が入りません。実際最近の中共では天安門事件ですら知らない若者が増えてきていると言われています。これも情報規制を強めている証左ではないでしょうか。

アメリカはこうした事実にはとっくに気がついており、中共共産党による反日プロパガンダと名づけています。日本の外務省や政府も当然知っていますが、このことを公表するとさらに日中関係が悪化する恐れがあるので、あまり大々的には報じられていません。

中共共産党は反日宣伝と教育を繰り返すことで、日本は悪魔の侵略民族であるという幻想を作り出し、その洗脳により国民は憎しみの感情を煽《あお》り立てられてきています。日本の侵略から祖国を守ってくれた共産党を支持し、天安門事件での自国民の虐殺まで正しいと信じるように洗脳されました。このような考え方の若者を継続的に増やしていけば、おのずと中共共産党の統治基盤は盤石《ばんじゃく》のものとなり、それこそが中共共産党の狙いなのです。

天安門事件は中共共産党にとって史上最大の危機だったと言えます。この事件を境に、中共共産党は方針転換を図りました。かつては西欧資本主義を邪悪な暗黒世界だとし、理想の共産主義国家を建設するのが共産党であると位置づけていましたが、日本という暗黒国家が再び中共への侵略を企《くわだ》てており、その侵略から祖国を守るのが共産党であると対立の構図を変え、民族主義、愛国主義の教育を始めました。天安門事件以来、学校教育とマスメディアを利用し、20年以上かけて「邪悪な日本」と「侵略から中共を守る共産党」という捏造の世界を見事に作り上げました。中共共産党は自らの権力を守るためだけに、中共人民に対して情報戦を仕掛け、大勝利を挙げたと言えます。

5、中共人民の本音は

とはいえすでに民衆は、中共共産党の洗脳教育の一環だと見抜いているのではと思われます。というのは国営の中共中央電視台（ＣＣＴＶ）の視聴率は極めて低いのです。にもかかわらず反日報道や抗日戦争ドラマは繰り返し放送をします。というのはＣＣＴＶの放映権は許可制で、国営放送が番組を選択する制度になっており、抗日戦争ドラマはすぐに許可がおりるうえ、国営ＴＶが番組を良い値段で買い上げてくれるからです。ですから視聴率が悪くても、中共の下請けプロダクションは抗日戦争ドラマを量産しているのです。

中共では9月上旬の週には、抗日戦争・反ファシズム戦争勝利70周年の宣伝ウィークがスタートします。バラエティー番組が一斉に消えて、抗日ドラマが大量に放送されます。しかし視聴率から見ると、都市部の視聴者層に興味はないに等しく、こうした洗脳教育やＴＶの抗日ドラマに影響されるのは、農村部や子供たちだけであると言われています。中共国民の大半は「政治」よりも「おカネ儲け」に興味があり、本音の部分では反日感情やイデオロギーにはほとんど興味がないのが現状です。

6、反日をつらぬく理由

中共を侵略した国は多いのに、なぜ中共人は日本に対してだけ恨みを晴らそうという心理が働くのか、という疑問があると思います。

中共人が反日感情をむき出しにする一つの理由として、日本が中共を侵略したという歴史があるとされますが、そして侵略という定義は当時ありませんでしたが、あえて使うとしても、歴史をたどれば中共を侵略したのは日本だけではありません。この疑問に対する中共のネットユーザーはどのような返答をしたのでしょうか。

一部を紹介すると、

「あまり知られていないが、８カ国連合軍が北京に入ってきた時、日本兵はロシア兵のように残虐ではなかった。日露戦争では新政府は中立だったが、実際には日本寄りだった。第２

次世界大戦後の賠償は中国自らが放棄した。７３１部隊の細菌実験は政治犯を対象に行われ、庶民は対象ではなかった。日本の統治の下で満州国はアジア一の経済体となり、秩序があった。改革開放初期に中国への援助が最も多かったのが日本。私は親日でもないし、理由もなく日本を恨んだりもしない。私が言いたいのは、『弱ければたたかれるため、自分が強くなるしかない』『日本と中国は一衣帯水で同じ文化圏にあり、共に手を携えて進むべき』『日本は中国の近代化に貢献した』『政府が反日を宣伝するのは国を弱くする』ということ。憤青（※愛国思想が顕著な若者）たちには歴史を補習してから発言してほしい」

「私は『メディア』が原因だと思う。庶民とは過去を忘れていくもの。細胞が生まれ変わるのと同じように、新しい世代の人はあの歴史を理解しているはずはない。それらはすべてメディアの問題だ。『メディアを制すれば政治を制する』という言葉を聞いたことがあるが、私たちが現在触れている歴史は党によるもの。ネットの小説や動画、ドラマ、新聞、日本の侵略について語らない媒体があるだろうか。こうした状況が続けば、日本に対する恨みが根をはり、他国の侵略は忘れ去られていく」

「最も大きいのは政府による宣伝だろう。もし、中国が毎年、日本以外の国による事件や大虐殺を記念する活動を行い、毎日テレビドラマを流せば、モンゴルやロシアに対する恨みはもっと深くなっているだろう。そうしないのは国家の利益や政治的な必要性から。政府とはそういうもので、間違っているとは思わない」
「この問題では、多くの中国人が南京大虐殺を理由に挙げるだろう。日中関係を研究すると奇妙な現象がついて回る。それは、ここ10年の中国人の日本に対する憎しみの感情が深まっていること。南京大虐殺が理由であるなら、それは時と共に徐々に減少していくのが普通だ。中国が台頭するにつれて、日本への憎しみが増すのはなぜか。その答えは複雑な社会的要因のほかに、政府が社会の矛盾から人々の意識をそらそうと誘導していることがある。中国は経済の急成長で、中国人の極端な民族心理が膨張した。また、中国と日本に間にはまだ発展途上国と先進国という大きな差が存在しており、中国人は潜在的に恐怖と劣等感を抱いている。原因をつきとめ、薬を処方すれば、世世代代《よよだいだい》の友好の実現も可能になる」

　意外と冷静にきちんと分析をしているのではないかと思います。しかしそこにはやはり中共共産党によるでっち上げの、反日プロパガンダの影響があり、共産党によるでっち上げを素直に信じてしまっている人民もいることがわかります。

　日中戦争中、中華民国国民党は精鋭部隊を温存しながら、大陸国家の常套《じょうとう》手段である戦略的退却を繰り返し、日本軍を補給の届かない内陸部へ引きずり込んでいくという、絶対に負けない戦法を取りました。それに対し毛沢東共産党軍は、日本軍占領地域において少数で補給路を叩く小規模戦闘を繰り返しました。そのために、日本軍占領地に取り残された人民は、日本軍と戦ってくれたのは共産党だけという印象を強く持ちました。その結果、1949（昭和24）年に中共共産党政権が誕生することとなり、中華民国国民党は台湾に渡ってそこに根拠を置くことになりました。

日本軍と戦ったのは共産党だけというプロパガンダは、共産党一党独裁政権を正当化するための、最も強力な必須の宣伝アイテムなのです。戦争が終わって70年以上経った今も独裁を続けている以上、日中戦争を現在と関係のない過去として、客観的に捉えた歴史を教えることは、独裁政権の正当性がなくなってしまうことにつながります。従って、中共で教えている日中戦争という歴史は、「英雄的に国民のために戦ったのは共産党だけ」ということを、常時感じているようにあらゆる手段を用いて喧伝《けんでん》し、今現在の一党独裁が正しいと感じるような歴史教育がどうしても必須であり継続していかなければならないのです。

7、むしろ総理の靖国参拝は外交カードに成り得る

昭和47（1972）年に日中国交回復を決めた日中共同声明の時、日本の戦争責任をどうするかで最後までもめました。田中角栄《たなかかくえい》首相と周恩来《しゅうおんらい》首相の妥協により、「A級戦犯に戦争

責任があって、日本国民も中国国民も被害者である」と解釈をすることにより、国交回復がなされました。

従って中共が、総理や閣僚による靖国参拝に反発するのにはこんな事情もあります。つまり中共政府は、「日中戦争の責任はA級戦犯にある」「日本国民も中共国民もA級戦犯が起こした戦争の被害者である」「共産党は、A級戦犯と戦った」という形で、日中友好と共産党の正当化ということをなんとか両立をさせました。しかし「A級戦犯に従った日本国民と戦った」ということを生々しく教えることになると、それは常に「日本国民と戦った」ということを、生々しく教えることと同じ意味を持つことになります。

昭和47（1972）年に日中国交回復を決めた日中共同声明の時、なんと時の日本政府もこのような中共政権の国内政策を了解し、双方が合意をすることになりました。今まで「A級戦犯に責任のある日本の侵略」を中共共産党一党独裁の正当化に使ってきたわけですから、もしA級戦犯の合祀《ごうし》されている靖国神社参拝を中共共産党が認めるということになると、中共共産党による一党独裁に根拠がないこととなり、国民の不平不満が正当であり、その不満の矛先が日本ではなく中共共産党の独裁政権に向かうことになります。これを突破口にあらゆる面での政権不満が噴出することになり、政権崩壊にまで至る可能性があるのです。

ですから中共側としては日本の政府要人が行う靖国神社参拝に対しては、抗議をするしかなく、抗議をしないという選択肢はないわけですから、外交カードとしては使えないということになります。靖国神社に参拝をしてもしなくても、必ずしも政権を失うことにまでは直結しない日本の首相は、かなり自由に靖国参拝を選択することができますから、日本側にとってはいつでも好きな時に、簡単に繰り返して使用することのできる便利な対中共外交カードだと言うこともできるのではないでしょうか。

安倍総理の「何か中共側に有利に働くようなことがあれば、靖国参拝すれば良い」との側近への言葉が、諜報戦略として中共側にうまく作用して伝わっています。中共はなんだかんだ言っても日本を無視できないどころか、利用する実利が充分にあり、日本との関係が重要であることを日本側に読み取られているのです。

日本の首相の「靖国神社参拝」こそが、中共の一党独裁を簡単にゆるがすことにつながり、政情不安を顕在《けんざい》化させる泣き所ということは間違いありません。

六、中共の現状は

1、中越戦争により変化が起きた

1979（昭和54）年の中越戦争まで、中共の国内は毛沢東思想に振り回されて経済は成長せず、食べるのに精一杯の中共国民の目には、対外事情などは全く無関心でした。ですから、国の対外政策などに口を出す国民はほとんどいませんでした。ところが中越戦争では大きな変化が起きたのです。中共の人民解放軍は、ベトナム軍の数倍の死傷者を出しながらも、人海戦術でベトナム国内に侵攻しました。強国アメリカと長い間戦い抜いたベトナム軍相手に消耗戦《しょうもう》が続き、結局補給が続かなくなり、事実上の敗北と言われるような撤退をするに至りました。このことにより中共軍首脳は、毛沢東思想では近代戦（＝消耗戦＝国家経済力による戦い）は戦えないということを痛感することになりました。日を経《へ》ずして中共は毛沢東思想・共産主義を封印し、経済は資本主義という鄧小平の経済拡大路線が軍の全面的な支持を受けることになります。その結果やっと生活が少しは安定するようになった国民が、政府の対外姿勢に目を向け出すようになったのです。それが１９８０年代の中頃以降ということです。

2、現在の中共における政治状況

経済が成長して国民の生活にゆとりが出てきた結果、軍事力に押さえられて表面には中々出てきませんが、共産党長期独裁による腐敗政府に対する潜在的不平不満が膨らんだことは間違いありません。さらに経済が成長をしてくると、どうしても貧富の差が大きくなり、勝ち組と負け組（日本資本による投資によって豊かになった者と、豊かになるチャンスがなく、社会全体が底上げしたことによる物価上昇によって、貧しくなった者）に分かれるようになります。そうなると国民の多くを占める負け組の政府への不満が蓄積していくことになります。

中共政府に対する不満を国民が表現することができない状況の下で、「日本国民と戦った」という中共のプロパガンダを刺激することは、

・直接理由ではないものの、日本資本が中共社会を変えたために生活が苦しくなった。
・反日というのは、政府のプロパガンダとは矛盾せず、極めて都合の良い欲求不満のはけ口となる。

ということになり、反日という形で、中共政府に対する不満を、間接的に爆発させることの可能性が高くなります。日本の総理による靖国神社参拝は、負け組にとっても政権腐敗に対する不満を持つ人にも、豊かになっても政治に参加ができない不満を持つ人でさえも、反日を装うことで政府批判をするチャンスを与えることにつながります。

中共は、日本から資本・技術・工業設備を輸入し、世界各国にその機械で作った製品を輸出して稼いでいます。今世紀に入っての年間平均では、輸出１万４２８５億ドル、輸入１万

1311億ドルとなり、今の為替レートで見れば、年間約30兆円も儲けていることになります。つまり中共は日本と揉め事を起こしさえしなければ、大儲けをすることができ、アメリカを脅《おびや》かすほどの大国にもなれる可能性があるのです。

ですから本音として、中共政府は日本と揉め事を起こしたくないのですが（中共政府首脳の抗議は口先だけのポーズと言えます。以前小泉《こいずみ》首相との会談をすっぽかして帰国した中共副首相も、その日の午前中には財界首脳との昼食会をしっかりやっていました）、日本の総理が靖国神社を参拝したとなると、必ず抗議をして国民のガス抜きをしないと、国民に欲求不満を吐き出す機会（それは暴動につながる）を与えてしまいます。

経済の資本主義化により、急激な経済成長を遂げている中共にとって、日本は資本・技術・生産設備の供給元であり、金儲けの根源とも言える存在なのです。貿易の禁止などの経済に関連する制裁措置などは、自ら首を絞めることになり絶対にとることはできません。

中共の採る反日教育とは、国民からの批判を中共共産党に向かわせないための政略であり、外国勢力の侵略から中共を守れるものは共産党だけ、という意識を人民に植えつける洗脳の一環なのです。日本を憎むべき悪魔に仕立て、国民の怨念《おんねん》を自分たちではなく、日本という外敵に向かわせようと策略をしました。その日本という外敵が、再び侵略をしてくるだろうというでっち上げの危機感を煽り立てることで、中共共産党の指導体制に新たな正当化の根拠を与えようとしたのです。

3、習近平の政策は

習近平《しゅうきんぺい》政権が日本に対して厳しい態度をとる理由は、国内で自身の権力基盤を固めたい思惑があると言われています。反腐敗の名目で党内の政敵を次々と失脚させ、共産党大会が無事に終わったと言っても、国内の政局がいまだ不安定な状態が続いています。そこで、あえて日本と対決する姿勢を強め、緊張関係を作ることで、国民の注意を外に向けさせようとしていると分析されています。

注視してみると、習政権による日本叩きのターゲットは安倍総理など閣僚に絞られており、皇室に対しては意図的に批判を避けているように思えます。それだけではなく、中共のマスメディアは、しばしば天皇陛下の「平和への思い」などを紹介しています。天皇陛下は軍国主義を復活させようとしている安倍総理とは距離を置いていることを、意図的に国民に印象づけようとしているように見えます。

中共はよく歴史問題で日本を批判しますが、天皇陛下の戦争責任に言及するのは、ほとんど歴史の学術書だけと言って良いのではないでしょうか。中共のマスメディアによる報道において、歴史問題と関連づけて天皇陛下を批判することは全くないと言えます。中共マスメディアのこのような姿勢は、共産党宣伝部の方針であることは間違いありません。天皇陛下を政治利用して日本の世論を分断したいという思惑があると指摘されています。毛沢東や鄧小平から習近平まで、中共の歴代最高指導者は全員天皇陛下を何らかの思惑をもって大切にしていると思います。しかし中共の政治思想体制から考えて純粋に尊崇《そんすう》の念をもってとはあり得ないと思います。

本来ならば、労働者を結束させて革命を起こした共産党ですから、世襲である君主制に対し批判的な立場をとるのが当然です。ところが天皇陛下に限って、中共共産党の指導者たちは、そうした素ぶりすら全く見せていません。長い歴史と伝統を持つ、日本の皇室に対する中共の指導者の憧れやコンプレックスといった複雑な感情が背景にあるかもしれません。

七、中共の落とし穴

1、中共人のこころの隙、日本人のこころとはかけ離れている

中共で「南京の虐殺を忘れるな」などと大騒ぎしているのは、戦争の実態を知らない若い世代だけだとも言われています。反日教育の成果とでも言うのでしょうか、捏造の歴史を教え込まれ信じてしまっているのです。

中共は、特に80年代90年代までは経済的にとても苦しく、そうした中で日本から多額の経済援助を受けてきた背景があります。そんな経緯があるので、とりあえず難しい話はさておいて、とにかく日中友好で日本からの援助と投資を引き出させようとする気持ちがあっても不思議ではありません。ところが今となっては中共もかなり経済的実力をつけ、日本からの援助も減少していく中で日本とはこれまでより対等な立場で本音を言え合える関係になっているはずだ、と中共は考えていると思います。なんといっても過剰とも言える自信とメンツに溢れた国です。場合によっては対等というよりすでに上に立ったとでもいうような態度すら見えます。日本人にとってみれば、これまでの援助に対し感謝すらせず、援助がなくなるとすぐに言いたいことを言い出す、厚顔無恥な国と国民だと誰しもが思うのではないでしょうか。しかしそのような日本人の気持ちは、国家としての品格と民度に溢れる日本人としては、心に納めておきたいものです。

2、中共自身の危機

中共では企業の社債発行残高が急速に増加してきています。一昨年（２０１６〈平成28〉年）末時点で、米国の13兆１０００億ドル（約１３２５兆円）を上回って世界一の14兆２０００億ドル（約１４５０兆円）にも達しています。これらの巨額債務が焦げつけば、世界金融危機の再来を招くとの分析も出ています。

中共のトップ企業約８５００社の企業債務の総額は、中共の国内総生産（ＧＤＰ）の約10兆ドルを上回っており、世界の企業債務の三分の一を占めています。それはここ数年で世界2位の経済大国である中共の社債市場が、急速に拡大していることを物語っています。社債総額のうちほぼ三分の一を占める約４兆ドルが、銀行など正規のルートを通さない、規制の網をかいくぐって横行する不透明な融資の総称の「影の銀行（シャドーバンキング）」によって調達された資金なのです。

中共では今後も企業債務が増え続けることが予想されています。２０１８（平成30）年末までに20兆ドルと、やはり世界全体の60兆ドルの三分の一レベルを維持する見通しです。中共の国有銀行が企業に資金を貸し出す際には様々な規制があります。従って中共企業がこれら莫大な額の資金を調達するには、これまで通りシャドーバンキングを利用するしかないのが現実なのです。にもかかわらず中共では典型的なシャドーバンキングの一種で、投資信託型の理財商品のデフォルト（債務不履行）のリスクが高まっているのです。理財商品は国有銀行も販売などに関わっておりデフォルトとなれば、不良債権は25兆円を超える可能性があると見られています。

中共におけるデモというものは反日・環境問題・労働問題と様々ですが、近年のものは、チベットやウイグル地区を除くと中央政府や共産党の一部が主導していないものはほぼないと思われます。つまり中共におけるデモとは市民の自発的な抗議行動ではなく、権力者が自己の影響力や権力そのものを誇示《こじ》する示威《じい》行為だということです。外交的には中共国内の世論としてあくまで民主的な形で要求を突きつけ、中央政府の行動に正当性を与える狙いもあることは間違いありません。

中共においてデモとはまさに政治そのものなのです。市民感情の影響というものも無視はできないでしょうが、デモの主たる目的からは離れているとしか思えません。中共政府や中共共産党の内部の一派がその気になれば、反日デモはどこでも起きると思います。しかし唯一の例外と言えるのが大連市です。なぜか大連市だけは反日デモが起こりません。

現在人口６００万人の大連市ですが、90年代からＩＴ産業育成に力を入れており、大連高新技術産業園区と大連連軟件園に、華信グループ、海輝グループ、東軟グループなど中共のＩＴ企業の開発拠点があり、世界のソフトウェア開発・情報サービス関係の企業、日本のＮＥＣ、パナソニック、ソニー、ＣＳＫ、オムロンなどが進出をしています。日系企業に勤めている人も多く、日本語を学習している人も20万人と他都市に比較して、とても割合が高いと言われ、中共の都市で唯一日本語のＴＶ放送もあります。

日系企業が多く進出しているにもかかわらず、工場や日本料理店やスーパーが暴力的に破壊略奪された他の都市と大連が最も違うことは、その歴史にあるのではないでしょうか。大連は中国大陸において最も古くから実質的に日本統治が施されてきた地域です。

日露戦争後ロシアに代わり日本が中国大陸で統治し始めた初めての都市が大連でした。日本はここに満州鉄道の本社を置き、大和ホテルを造り、上下水道・電気などの立派な都市整備のインフラに努め、今でも例えば大連駅（上野駅と似ている）など多くの日本統治時代の建物が現役で残っています。日本は大連に美しい町並みを残し、また数多くの殖産を行いました。大連も含め遼寧省など東北三省（旧満州地域）は他の地域に比べて対日感情が良いと言われています。日本に統治されていたにもかかわらず親日的であるという点では、大連の人々は台湾の人々の対日感情に近いと言えるのではないでしょうか。中共の他地域と比べても、中共を支配している漢民族に対する満州族の割合が高いことも、本省人（先住台湾人）と外省人（漢民族）が混在している台湾に似ているという共通点もあります。

八、中共に対抗するには

1、まずは知っておくことの基本

「国際情報戦インテリジェンス」に立ち向かうには、まず「敵がなぜ反日行為を繰り返すのか」というその本質を正確に把握する必要があります。日本を貶める嘘を広げる中韓はとんでもない、日本のために戦った先人の名誉を守るために中韓の嘘を糺《ただ》すべきだ、と真の日本人なら誰でもがそのように思います。しかし敵は自国民に対して情報戦を仕掛け洗脳する、ある意味カルト国家とも言えます。嘘やでっち上げなど充分に承知のうえで、国民全て特に若い世代を騙すことに躍起《やっき》となっている国です。ですから、彼らの反日である真の理由をよく理解したうえで対策を立てなければいけません。ここまで序章、第一章、そしてこの第二章とその真の理由に迫れたと自負をしています。彼らの目的を正しく分析できれば、ベストな対応がとれることになります。

とにかく戦後の賠償というものはとっくの昔に終わっています。しかも本来は払う根拠など国際法にもありません、あくまで日本の誠意ということなのです。日本と南朝鮮の間では日韓基本条約で全てが解決済みです。ちなみに南朝鮮政府は北朝鮮の分も代表して受け取り、そのまま全て自身のものにしています。もし今後日本が北朝鮮と国交正常化をした場合でも、過去の賠償については南朝鮮政府に請求するように言えばいいだけのことです。日本はすでに支払っているのです。しかも南朝鮮政府は、長年にわたり日本が賠償金を支払った事実を国民に隠していました。本来なら個人に支払われるべきお金も全て南朝鮮政府が使ってしまいました。そのため多くの南朝鮮人は、日本人は賠償をしていないと日本を非難することになりました。

日中間でも、中共は賠償権を放棄していますのでこちらも解決済みです。そもそも日本が今の中共と戦争をしたのでもなければ、ましてや中共に負けたわけでもないのに賠償金云々を言うのはおかしな話です。日本はあくまでも戦争でアメリカだけに負けて、中国大陸から撤退したにすぎません。

2、毅然たる態度をとること

それでもいろいろと完全に終わらないことの理由は、これらの経緯や条約を無視して、しかも強制連行や従軍慰安婦などの歴史のでっち上げをしてまで、日本からお金をむしり取ろうとする暴力団まがいの人間が大勢いるからに他なりません。そしてそれに対して日本側が毅然《きぜん》と対応できていなかったことが、事態を悪化させ長期化をさせました。暴力団と中共人、朝鮮人に対しては毅然と対応し、絶対に譲歩をしてはいけないのです。これは鉄則です。

・日本国として絶対に中共に対し、妥協も譲歩もしてはいけません。絶対に尖閣諸島を領土問題として認めてはいけません。領土問題は日中両国の間には存在はしていない、この基本から一歩でも引き下がることは中共の戦略にはまることになります。日本政府としてのこれまでの方針を絶対に崩さないことです。

・アメリカに、明確に尖閣諸島は日本の領土であると、もう一度正式にトランプ大統領に宣言してもらうことです。沖縄は戦後アメリカが統治し日本に返還されました。連合国の主役であるアメリカによる宣言は、絶対のものになります。トランプ大統領の東南アジア政策が、これまでと変わらずに重要であるとのメッセージにもなりアメリカにとっても必要なことです。

・麻生《あそう》総理時代に、日本はインドと安全保障について合意をしています。インドとの間に安全保障協力に関する共同宣言からさらに進み、早く安全保障条約を締結することです。尖閣の漁船事件の時、インドは中共に対し日本のために核ミサイルの照準を向けてくれました。

・日本の危機ということで、憲法改正等の議論を盛り上げ、自衛隊の国防軍格上げ、そして核武装までも視野に入れ、北朝鮮問題で国際社会からも受け入れやすい環境となったことを大きなチャンスとして活《い》かすべきです。そして誰も反対できない絶好のチャンスとして活かさなければなりません。中共は日本の軍拡を決して望んではいないのです。大きな脅威を与えることにより、日本の安全が保たれることになります。

・防衛費の予算の増額は、国民の大きな抵抗もなく可能なことであり、野党も反対することはできません。私は、日本のアメリカへの貢献から（沖縄等での米軍の経費を一部負担する思いやり予算、アメリカの財政危機へ今後の約50兆円の米国債購入）、見返りとしてアメリカの原子力空母一隻を沖縄にも母港として配置し、東シナ海に浮かべさせれば、中国の問題は一気に解決すると確信しています。

実は以上のことは私だけの意見ではありません。尖閣の中共漁船事件の頃から日米の諜報機関関係者の共通の認識になっていることです。

3、特に中共に対しては

中共に対し強硬な手段をとれば中共は引かざるを得ません。というのも中共は本気で尖閣の領有権があるとは考えていないはずです。その確信があれば中共側からとっくに国際司法裁判所に提訴をしています。そして尖閣の領有権はダメでも、中共艦隊の自由な太平洋進出は確保したいのです。まだまだ能力的には無理ですが中共は特に原子力潜水艦が自由に太平洋を潜航できなければ、海軍としての意味はないと考えていることを理解できると思います。そしてそれには日本の沖縄諸島が大きな邪魔となっていることを地図ででも確認をしてください。そして太平洋といえば日米豪と、中共の進出はどうあっても阻止しなければならないことが理解できると思います。

中共は日本に対して宣戦布告をしてきた、とまで発言をする自民党議員もいます。それくらいの意識を持ち、日本国民として中共には大きな危機感を持たなければいけません。日本の領土の上空を飛ぶのに私たちに飛行計画を提出しろとは、日本と日本国民を舐《な》めきっているとしか感じられません。かつての竹島のように強奪され侵略されても良いのですか？　少しでも引いてしまえばどんどん押し寄せ日本がなくなってしまうかもしれません。

左翼やマスコミの一部が主張する「話し合いで解決」なんかは全く現実的ではないことを、尖閣での漁船による領海侵犯と勝手一方的な防空識別圏の設定により、中共は教えてくれました。よく全員が全員悪い人ではない、中には良い人もたくさんいると言います、誰しも戦争など望んでいない、と主張をします。しかし相手は中共です、たとえ国民は望まなくても、国家としては日本と違い共産党独裁の、しかも侵略を繰り返している国です。数々の中共の横暴を「日本の危機」として活用しなければいけません。

中共の横暴である尖閣の漁船と防空識別圏の勝手な設定を、日本の危機として捉え絶好の機会として活かせることは多くあります。

2項において、どのように対応すれば良いかを列記しましたが、その中で残念ながらどうしてもアメリカに頼らざるを得ない現実もあります。自国を他国に、それもよりによって戦争で負けた国に守ってもらう、日本国民のプライドとしてこんなことを許すことができますか。日本が真の独立国であると、胸を張ることができますか。

日本は間違いなく資金的にも、技術的にも自国のみで完璧な防衛力を持てる能力がありますす。いつまでもアメリカに頼り続けますか？　アメリカがいつでも必ず絶対に助けてくれる、そして他国のために命を懸けてくれるという保障などありません。

4、左翼や野党そしてマスメディアに騙されるな

左翼による「平和憲法」の言葉に騙されてはいけません。日本と日本の憲法は平和でも、周辺は平和ではありません。憲法は改正かどうか等の議論はありますが、

・新憲法制定
・自国は自国で守る国軍の設立
・核の保有

等について、議論ができる絶好の機会を得たと言えます。中共による暴挙は「日本の危機」です。改めて日本の戦後を終わらせる意味でも絶好のチャンスとして議論を高めることから始めるべきです。いつまでもアメリカ依存では常に中共に悩まされ続けることになります。

「中共よ、来るなら来てみろ。怖くて来られないだろう」。これが日本と日本人を守ることであり、日本と日本人のためであると思います。中共は日本国民の反応もかなり関心を持って見ています。根底に良好な感情を持ってもらえれば、親しみやすい国として理解をさせれば、様々な戦略として利用できます。一国民として中共の暴挙と激しく批判の声をいたるところで声を上げ続けることはとても大切なことです。そしてこれは誰にでもできることです、国と国民が一体とならないと国の領土は守れません。特定秘密保護法、集団的自衛権、国家安全保障会議設立、そして憲法、国防軍、さらに核武装と続けば「日本を取り戻す」ことができます。

中共自身は「日本はアジアで孤立している」との対外宣伝工作に励んでおり、そのままを発言しているのが鳩山《はとやま》元総理です。同じように、親中反日の日本人（マスコミを含む）が盛んに同様の発言をします。その結果国内でもそうした誤解と懸念《けねん》が広がりました。日本はアジアで孤立するどころか逆にアジアにおいて存在感、影響力を高めつつあるということを、明確に論説する中共の評論家もいます。安倍政権の外交の迫力を見てとったと思います。日本の動きに対し、中共の世論は明らかに軽く見る傾向があります。安倍総理の中共包囲網など空想にすぎないと笑っています。しかし中共が日本を主要な仮想敵国とし、東シナ海で防空識別圏を設定しただけでも反発を受けているのを見ると、中共こそがアジア太平洋地域で孤立しつつあるようにも見えるのではないでしょうか。

　第二次安倍政権で首相就任後に安倍総理は、中共と東アジアの指導権を争うため、周辺諸国との関係に関して重大な戦略調整を行いました。日本のアジア地域への最大の貢献は中共の台頭に対する抑止であると述べています。安倍総理によるＡＳＥＡＮの全加盟国への訪問と天皇陛下のインド行幸は、安倍政権が推進するアジア太平洋外交の新たな礎《いしずえ》となりました。その目的は明らかに北京包囲網の構築にあります。安倍政権の強烈な外交により、アジア太平洋の政治、軍事、経済、外交面における競争力は、かつてないほどの熾烈《しれつ》さを秘めています。それが中共にとって極めて大きな脅威を与えていることは間違いありません。日本ではどうしても日中関係を、二国間の問題として考えがちです。しかし、膨張する中共は世界のいたるところで摩擦を起こしています。他の国での中共の行動を知ることは、日本にとっても大いに参考になると思います。

第三章

中韓につながる日本の反日組織

日本における反日組織、その背景には
意外と多くに中韓が関係しています

一、周囲は左翼勢力だらけ

1、社会に溶け込み、工作をする

一般国民を洗脳すること、手なずけてしまうことは、革命・侵略の第一歩です。その国を侵略する、敵意があることを隠す、革命・侵略する時にその国の国民に邪魔をさせない、できれば革命・侵略の協力をさせたいと、必ず諜報戦略をとります。

多くの方が身近に感じる左翼勢力というと、マスメディアを挙げると思います。それも朝日・毎日・東京とその系列でしょう。ジャーナリストやフリーライターに左翼活動家や在日朝鮮人が多いのには理由があります。

マスメディア、出版社等では多くのフリージャーナリスト、フリーライターを抱えています。正社員ではなくフリーでの契約です。自称だけで明日からでも名乗りさえすれば職業として通用します。簡単に就けるので思想調査も国籍も関係なく、記事さえ買ってもらえばお金になり、仕事に困った左翼の受け入れ先にもなります。左翼人脈を使い、新聞が取り上げるほどではない程度の記事は簡単に書けるし、記事を週刊誌なり出版社が買ってもくれます。

左翼思想の持ち主、左翼活動歴がある人物の就職は限られます。ところが各労働組合は別です。多くが普通に高校を卒業して入社をします。大卒との差そしていわゆるブルーカラーと呼ばれる現場職、不満もたまり労働組合にオルグされ左翼思想に染まります。家庭環境もあるかもしれませんが、自身の努力不足は棚に上げ、会社や社会への不満もたまり、要求だけはする労働組合員に育ちます。

そんな労働組合員が多くいる組織の一つ、それが身近に利用する区役所や市役所です。普段はにこやかに窓口で、行政サービスと言って親切に対応をしますが、自治労という労組の中でもかなり左寄り組合員がいることを忘れてはいけません。国民の個人情報を多く扱う役所に、左翼組合員が多く働き、情報に触れていることを認識してください。国民の個人情報に、左翼勢力が最も近いところにいます。まだ限られた範囲かもしれませんが、左翼勢力に個人情報が把握されています。

明確にお断りしておきますが、私の書いている内容についてはあくまでその傾向があるということです。決してほとんどがそうであるとかではなく、普通に愛国の日本人もたくさんいます。誤解なきようお断りしておきます。

本章においては、左翼組織がそれぞれ入り乱れ、場合によっては中共そして南北朝鮮とも関係をしています。そのためにできるだけわかりやすく理解していただくために、関連づけることを主眼に置いたので、わき道にいったんシフトすることがあります。何卒《なにとぞ》ご了解のうえお読みくださるようお願い申し上げます。

2、身近に存在している左翼

国家の破壊活動を企んでいるとしか思えない勢力、その最大がJR総連だと私は思います。JR総連は傘下組合員6万1000人を誇り、JR連合（組合員7万5000人・右派）と並ぶJR労組内の一大勢力です。特にJR東日本では、経営側のバックアップもあり労組員の約8割を占め、圧倒的影響力を持ちます。

日本を代表する公共交通機関JRの巨大労組は、JR総連が革マル派によって完全支配をされています。JR総連の前身は国鉄動力車労働組合（動労）で、国鉄民営化前は順法闘争やスト権ストを繰り広げ、「鬼の動労」の異名がありました。

普段利用する電車そして駅、運転手さんや親切な駅員さんの中に、実は反日過激左翼がまぎれているということを忘れがちです。JRという公共交通機関が、組合員によって止められてしまえば日本中大混乱になります。革命とかクーデターを起こす時、まずはゼネストと言い社会を停滞させ、放送局と交通機関を占拠し政府に挑みます。左翼勢力がマスメディアとJR総連に多いということは、日本が徐々に乗っ取られていることを意味します。いつ革命が起きてもおかしくはないのです。

国民の誰しもが一度や二度、病院・お医者さんの世話になったことはあるでしょう。全日本民主医療機関連合会は、日本の医療機関で構成する社会運動団体です。通称全日本民医連、略称民医連と言います。地方組織である都道府県民主医療機関連合会と直接加盟医療機関をもって組織されています。

昭和28（1953）年6月7日に結成されました。「無差別・平等の医療と福祉の実現をめざす組織」と規定し、民医連綱領があります。平成24（2012）年10月現在の資料ですが、病院143・診療所515・歯科診療所74・保険薬局339・訪問看護ステーション309・介護老人保健施設50・特別養護老人ホーム21など、日本47都道府県1796の事業所が加盟しており、職員数7万3000名の日本最大規模の医療機関関係組織です。

加盟法人には、生協法人法に基づく医療生活協同組合（医療生協）が多く、他に医療法人（特定医療法人含む）の社団・財団等があります。介護保険施設などを運営する社会福祉法人や、薬局などを経営する会社組織の法人も加盟しています。こんな身近な存在しかも自分たちの命に関わる医療機関に、JR総連と並ぶ過激な左翼組織があり、普段は何食わぬ顔で患者等のケアに従事をしています。

役所とは違い医療機関は、個人の身体に関する情報を持ちます。マイナンバー制度をカルテ等での利用はリスクと表裏一体です。情報漏れに絶対的高度なセキュリティシステムがないと、左翼勢力に漏洩《ろうえい》します。共産党はじめ野党はマイナンバー制に大反対していましたが、左翼革命勢力に狙われるリスクは大きくなると思います。体の具合が悪いとか怪我をしたとか、介護でお世話になるとかの、お医者さん・看護師・介護士・薬局にまで左翼勢力は蔓延《はびこ》っているのです。

普段はあまり気にしていないところに左翼勢力は潜んでいます。その代表と言われ常に警察公安の監視対象になるのが「新聞配達・パチンコ店員・郵便配達外務員」です。特に新聞配達とパチンコ店員（総連工作員の潜伏場所と認識）は、すぐにでも住み込み三食付で仕事にありつけます。きつい仕事から意外と高収入です。同じ理由から宅配便の配達員にも言えます。パチンコは別として、皆さんの自宅に頻繁《ひんぱん》に来る新聞配達、宅急便、郵便配達人に左翼が混じっているのです。

郵便配達員ついて少し解説をすると、郵政時代の話になりますが正職員ではなく、配達専門の外務員と呼ばれ、昔からの名残の準公務員扱いで左翼労組の組織もありました。それぞれの地域を担当し、配達する先の家族構成はもちろん、その配達される郵便物から生活レベルに始まり、生活環境まで把握をされてしまいます。

郵政が民営化された現在は、郵便電報外務員と分類され社員になりました。以前から全逓《ぜんてい》という労組の流れを汲《く》み、連合加盟の全郵便労組に多くの社員が加盟をしています。

郵政労組の活動を見ればその動員力からもその規模を窺《うかが》い知ることができます。警察課報インテリジェンスが最も自宅において警戒するのが郵便配達員です。少なくとも警察官であることがわかれば、大事であるということはご理解いただけると思います。現役であろうがOBであろうがその郵便物には、たくさんの情報が詰められています。

意外と思われる職種になりますが、塾の講師や家庭教師の派遣には教師を辞めさせられた元日教組が多くいます。教師という元の資格は、家庭教師や塾講師に最も相応《ふさわ》しい仕事です。家庭教師の何とかとテレビ等で盛んに宣伝していますが、懲戒処分を受けた元日教組教師の受け入れ先になっています。

周辺のマンションよりは低額ですが決して安くはない公団の賃貸物件、都市郊外には多くの都市整備公団等の団地が各地に点在しています。全ての団地に自治会がありますが、一般的町内会の自治会とはかなり様相が違っています。大規模団地に行くとわかりますが、その団地自治会として「安保関連法反対」「戦争法反対」「派遣法反対」等、のぼりを必ず見かけます。あくまで一般的な話ですが、こうした団地に左翼は住んでいます。入居に関しての条件がゆるく、住居に困る人たちへの国の政策ですから入居しやすく、住み着きます。国民の税金で左翼に住まいを提供している、不法滞在も多い中共南朝鮮が主に占める不良外国人に住まいを提供していることになります。

その傾向があるということの前提ですが、団地・低所得者・労組組合員・左翼とつながってしまいます。こうした団地等で、赤旗の配達購買状況や共産党系生活協同組合に加入の実態は、警察公安の共産党担当が把握をしています。それを入居者の共産党率と言いますが、全国的にいわゆる団地ではこの共産党率が、他のマンション等に比較して高率になっています。全国各地に公団住宅を抱える地域は多く、その地域にある公立学校に学区として組み込まれていれば、そこに通わざるを得ません。生徒の親が左翼、学校へ行けば先生が日教組、こんな例はいたるところにあります。子供に罪はありません、自然と仲良くなった友達ですがその両親は、ということが往々にしてあるのです。

社会生活を送るうえでトラブルはないに越したことはありませんが、決して起こらないとは限りません。困れば相談もすれば、場合によっては裁判手続きが必要なこともあります。弁護士にも左翼は多くいます。自由法曹団という弁護士グループの組織があります。東京で言うと東京第二弁護士会に多く所属していますが、共産党をはじめとする赤い弁護士グループです。あの仙谷《せんごく》も千葉景子《ちばけいこ》も、枝野《えだの》も、宇都宮《うつのみや》も、福島《ふくしま》みずほも、神原元《かんばらはじめ》（横浜）も自由法曹団に所属しています。

新橋にある救援連絡センターは、主に「被逮捕者の救援を通じ、公権力による弾圧に反対する」として、日本共産党系の日本国民救援会に対抗すべく、人権団体、新左翼や労働運動、市民運動関係の救援を目的に結成されました。元赤軍派や中核派の事件が多く、事務局長山中幸男氏は元赤軍で、メンバーの代理人です。ほぼ無報酬で弁護を引き受けています。安価だから、よくわからないからと、困った時に安易に弁護士を選任すると左翼だったということになりかねません。

全国ＰＴＡ協議会は、日教組の組織です。全国の公立小中から集められたＰＴＡ会費の大半が集金され、日教組の資金になります。日教組組合員の平均月額組合費は５０００〜１万２０００円です。合わせて年間数十億円が日教組の活動資金になり、一部は北朝鮮にも送金されます。民進（分派も含む）・共産・社民等の議員・政党の資金に政治献金もされます。

ＰＴＡ会費について言及すると、必ず一部からクレームが来ます。飲食をしても、経理処理には当然別の領収書を用意します。単なる手書きの領収証もあります。監査もあるといっても、その監査人はＰＴＡ役員の１人で父兄です。子供が世話になっているのでそのまま監査したと認めてしまいます。生徒等にかかる経費は自治体から出ています。連絡費といっても、必ず自治体予算のメールか電話を使用しており、連絡費などという経費は発生しません。

ＰＴＡ会費については、父兄の告発により、山田《やまだ》区長（現自民党参議院議員）の時に杉並区で問題化しました。山田区長指示で教育委員会等から調査をしましたが、協力が得られず実態は闇に葬《ほうむ》られました。警察官である父兄が監査報告等に疑問ありとＰＴＡで発言したところ、子供が日教組教師から虐《いじ》められ、県外に通学変更を余儀《よぎ》なくされました。全国各地からＰＴＡ会費問題についての声が上がっています。

学校がらみだと、ベルマーク財団があります。昭和35（１９６０）年に朝日新聞創立80周年の記念事業として始まりました。教育に関する助成ですが、当然出発は朝日と関係が深い日教組も関係しています。企業は一点一円を財団に寄付しますが、集めた学校単位でお金は支給されます。数年前に公益法人になりましたが、朝日新聞と日教組の利権です。ベルマーク財団からこれまでに数百億円という資金が、朝日新聞と日教組に関係する財団に集められました。朝日新聞が日教組との連携を深め、教育界と癒着《ゆちゃく》し、支配をする構造です。入試に出題されるからと朝日新聞を購読する人も多く見られ、読者集めの手段となっています。純粋な児童の心をもてあそぶ、左翼組織の活動資金集めと言えます。

生活協同組合といっても、全国には約１０００の組合があり、様々な種類があります。主なものにコープ共済連、全労済があります。コープは元々各地域の市民グループが全国組織になったもので、共産党が組織づくりをしました。組合員には共産党員もしくは支持者が多くいます。全労済は、その名の通り労働組合向けであり旧社会党が組織づくりをしました。コープと全労済は赤い組織なのです。それぞれの組合員数は、選挙の際の票読みにも使われます。そして品物も中共と南朝鮮から輸入されたものが非常に多くあります。簡単に便利だというだけで購買をすると、アカに資金協力をすることになります。コープに関して志位《しい》委員長は、日本共産党の下部組織グリーンコープが、東京電力福島第一原発事故の風評被害の助長につながる、あからさまな福島外し、福島差別をしていることの説明責任があると思います。

（株）カタログハウスの通販生活は、誌面において９条・核・原発に反対するページに溢れ、マスメディアから特定政党を応援するＣＭは流せないと断られています。社民党や、９条の会そして一部民進党議員（分派含む）、あの西早稲田関係にも寄付をしています。沖縄独立を推奨する特集も組みます。通販生活には付録の小冊子がつきます。憲法を変えて戦争に行こうと大きく題名にして、そういう世の中にしないための発言、という記事もありました。憲法の改正が即戦争になるという無理な論法で、社民・共産による洗脳本です。便利だし面白そうと買えば、それは左翼の支援です。社員も中核派との関連があり公安当局対象者の会社です。

社民党の政治資金収支報告書を見ると、通販生活のカタログハウス関連2社から、そして社長の斉藤駿《さいとうしゅん》氏から合計3250万円、さらに借り入れと併せ6250万円もの献金を受けています。

テレビ朝日のドラえもん募金はスマトラ地震の時、日本赤十字社に寄付するならわかりますが、募金の約90％は大西健丞《おおにしけんすけ》のNGOピースウィンズジャパンに寄付されたことがテレビ朝日福祉文化事業団により公表されています。PWJは、ホームページに北朝鮮支援を明確に掲載しており、北朝鮮支援目的のレインボーブリッジとも協力関係にあることも双方のホームページにあります。お金に色は付けられずドラえもん募金から寄付されたお金が、PWJさらにレインボーブリッジ経由で北朝鮮に送られたとしてもおかしくありません。PWJはNGOといえでも経理状況を公表する責任があると思います。このPWJはモンゴルでの事業を巡り外務省から一時補助金が停止されたこともあります。NHKのあの駒崎弘樹《こまざきひろき》も関係する、大西のジャパンプラットフォームは日本ユニセフ協会にも関連をしています。ドラえもん募金の大西健丞は、孫正義が東日本大震災に100億円を寄付したというちの、40億円を出した東日本復興財団の理事に就任しています。NHK番組審議委員であり、フローレンスの駒崎弘樹とピースボート共同代表元赤軍派吉本達也《よしもとたつや》、そして元民主党の荒井議員の息子である優《ゆたか》と名前が並びます。この財団の実質目的は電子教科書利権です。大西健丞がPWJとして行動する支援先に、アジア太平洋資料センター（朝日の本田雅和《ほんだまさかず》も関連）があります。代表の井上礼子は社民党の参議院候補であり、内縁の夫は赤軍派重信房子《しげのぶふさこ》の逃走幇《ほう》助《じょ》で逮捕されています。ドラえもん募金がPWJに寄付され、そこからどこにお金が流れたか、極めて不透明です。

アジア太平洋資料センターの事務局長は内田《うちた》聖子《しょうこ》です。アメリカの市民団体パブリックシチズン（代表はアメリカの総会屋といわれるラルフネーダー）と連携し、あのニセモノのTPP交渉資料を持ち出し反TPPの先頭に立った人物です。ブラック企業大賞のコーディネーターも務め、福島みずほの盟友です。

二、そもそも反日組織が生まれた理由

1、原点は、朝鮮留学生学友会

朝鮮留学生学友会は民族主義が強い思想団体で、日本中で組織されました。この在日朝鮮人留学生学友会の思想運動が朝鮮独立運動の端緒と言え、彼らは第一次世界大戦後にウィルソン米大統領が民族自決主義を唱えるといち早く朝鮮独立運動を開始し、日本国内でも示威運動を展開しました。そこにまだ日本では非合法であった日本共産党が加わり、それ以降の日本における反日運動組織が作られ、解放された戦後に一気に日本全国へと広まりました。朝鮮人はその民族性からすぐに結党し、地位や権力にありつけない思想運動がうまくいかないと、すぐ解散して別の団体を組織することを繰り返します。日本の左翼組織も全く同じです。反戦でダメなら原発、安保でダメなら人権、反基地でダメなら売春婦問題等、次から次へと団体を設立します。

朝鮮人団体同士で連絡して不穏策動を計画し、抗日統一人民戦線を組織して、この100年間日本人に危害を加えてきました。日本官憲が朝鮮語を禁止にしたのは、彼らが朝鮮語で不穏策動について話し合ったからです。朝鮮人の思想運動は民族主義であれ共産主義であれ、

その目的が「抗日」「反日」であれば日本転覆を目論《もくろ》むアメリカや外国の共産党から、対日工作資金をもらえ魅力的なのです。朝鮮人が団体を組織してはつぶしてしまう、その理由は彼らが地位や名声、権力欲、金銭欲のため、そして日本人に危害を加えるためだけに団体を組織するからとしか思えません。彼らにあるのは中華思想による日本人蔑視《べっし》と日本人に対する憎しみだけです。左翼とよく共通していると思いませんか。

2、左翼の主張は全て朝鮮人と同じ、でも事実は

左翼や在日朝鮮人には、「日本では犯罪するな」「反政府運動に荷担するな」などと主張する団体は皆無です。在日朝鮮人は、日本共産党などの極左暴力集団と共に「共生」を掲げています。しかしその共生とは、日本人が在日朝鮮人に擦り寄ってきてほしいという願望のみで、在日朝鮮人が日本に寄与しようとする理念などは、一切含まれていません。これはクビになることを恐れて「自分を見捨てないでほしい」という願望が祟《たた》ったものだと思います。そのような主張を言うのなら、自分が日本から好かれる存在になればいいのです。日本社会に寄与し、誠心誠意働いて、人のために尽くす。不当な弾圧を行おうとしている仲間を見つけたら、同胞であろうと糾弾《きゅうだん》をすればいいのです。それができないので、在日朝鮮人は民族を挙げて日本を破壊すると見られても仕方ありません。在日朝鮮人の目を覚まさせるため

にも、日本人は「帰れ」と声を大にして言い続けていく必要があると思います。それが結果的に在日朝鮮人のためにもなります。

絶対に在日朝鮮人は、日本社会の軸ではありません、むしろはみ出し者です。だからこそ日本人以上に日本のために頑張らなければ、地位が向上することも、存在が認められることもありません。それができないのならばもう強制送還しか道はありません。

一応法的には、在日朝鮮人は日本の永住資格を持っている外国人です。日本国内で何か問題を起こしたら、強制送還をさせても良いことになっています。在日朝鮮人は近年、「在日朝鮮人は母国に帰れ」という日本人の主張を「ヘイトだ」「民族差別だ」「人権侵害だ」などと主張をして、人権を盾に言論弾圧に勤《いそ》しんでいます。

南朝鮮は、わが国の竹島を不法占拠し、仏像を盗んでも返さず、天皇陛下を侮辱して謝罪もせず、慰安婦に関する日韓合意も反故にし、世界中で反日活動を展開しています。

そんな南朝鮮との通貨スワップ協定には、絶対に反対です。最低でも南朝鮮が竹島の不法占拠をやめるまでは、日本は絶対に通貨スワップを再開してはいけません。

3、棄民政策とは

密入国者に愛国心など絶対にありません。戦後の昭和23（1948）年以後、李承晩に殺されそこなった南北朝鮮人がいっせいに日本になだれ込みました。日本に逃げてきた朝鮮人は決して「かわいそうな人々」ではありません。南朝鮮軍による凄惨《せいさん》な虐殺は、同時に南朝鮮軍を襲撃して殺した共産ゲリラへの報復でした。

在日朝鮮人が本名を名乗らなかったのは、「名乗らなかった」のではなく「名乗れなかった」からです。「誰が殺人者か？」を自分自身が一番知っています。ですから日本に逃げてきた逃亡者たちは「本名」を隠して、日本人に成りすましたのです。

そして「李承晩による在日棄民政策」がありました。日本政府が密入国をしてきた朝鮮人を、南朝鮮に送還しようとした際、李承晩は在日朝鮮人の受け入れを拒否しました。というのは、日本に逃げた朝鮮人の多くが敵対している共産主義者とその家族だったからです。李承晩にとっての在日朝鮮人はお荷物どころか、ただのテロリスト集団でした。そのような理由から、李承晩は在日朝鮮人を日本に押しつけたのです。これを「棄民政策」と言います。在日朝鮮人の主張に左翼的傾向があるのもここに原因があります。

在日朝鮮人の中にも、「朝鮮半島でひどいことをやった」という自覚があったと思います。「軍事政権下の南朝鮮に強制送還されれば、事件の残党ということでまず命はなかったやろうから」（金時鐘《キムシジョン》の証言）ということで、誰も南朝鮮への帰還を望みませんでした。こういう「南朝鮮人同士の事情」がいつの間にか「在日が日本にいるのは日本軍が強制連行した」というデマにすり替えられました。

日系アメリカ人と在日朝鮮人の違いは、どこにあるのでしょうか。私は愛国心だと思います。日系アメリカ人は日本を愛するようにアメリカを愛し、多くの血を流し、良きアメリカ人になりました。一方在日朝鮮人は、自身が密入国犯罪者の家系ということを知っています。従って彼らは南朝鮮も愛せないし日本も愛さないのです。そんな根無し草を誰が信用するというのでしょうか。在日朝鮮人のルーツは朝鮮半島にあることは間違いありません。

日本ではほとんど報道されませんでしたが、南朝鮮では２０１４（平成26）年12月19日に「統合進歩党」という左派政党を解散させました。統合進歩党には5名の国会議員がいましたから、日本でいうと小沢《おざわ》党ぐらいの規模です。南朝鮮の憲法裁判所が統合進歩党を強制解散させた理由が、「国家保安法違反（内乱扇動、内乱陰謀）」でした。もちろん統合進歩党は「北朝鮮のカイライ政党」です。日本の左翼が大好きな南朝鮮には「国家保安法（＝反共法）」があります。日本の左翼は、反安倍なら南朝鮮ですら応援をして、自らの敢然《かんぜん》たるポリシィなど持ちあわせてはいません。

南朝鮮を中心に記述をしましたが、そのまま左翼連中の認識と一致し、主張までがそっくりだとは思いませんか。それは日本の左翼活動の原点に朝鮮人、在日朝鮮人、そして日本共産党があるからに他ならないのです。

三、中韓につながる左翼組織

1、まずは分類してみると

日本で作り出されたパチンコマネーが北朝鮮の核兵器開発の資金になり、神奈川県や兵庫県の出した補助金が回りまわって反日活動に利用されているとしたら、いくら「金は天下の回りもの」と言っても、あまりにもひどい使われ方になります。

南朝鮮で行われている反日活動と日本国内の組織が、実は密接につながっています。産経新聞は逮捕された朝鮮大学校元副学部長、朴在勲《パクチェフン》が北朝鮮からの指示を受けて、南朝鮮の統合進歩党やその前身の民主労働党を支援していたことを明らかにしました。統合進歩党は廃党処分を受けましたが、消滅したわけではありません。工作員たちは名前を変えただけです。南朝鮮で行われている反日活動は、統合進歩党やその前身の民主労働党が日本のグループと連携して行われているのです。さらに沖縄問題や在日問題、そして慰安婦問題もまた一本の線でつながっています。

日本における反日組織、大きなものが四つあります。一つ目がいつも話題になる国連人権委員会です。そこから売春婦問題につながります。二つ目がのりこえネット、三つ目が反天連、そして首都圏反原発連合です。この四つのどこかに、必ず日本の左翼グループのほとんどが顔を出し、中共や南北朝鮮の関係も出てきます。そしてやはり必ず日本共産党の影も見えます。

2、国連の人権関係委員会

国連の人種差別撤廃委員会と、女性差別撤廃委員会は、1981（昭和56）年、国連総会で発効した女子差別撤廃条約（女子に対するあらゆる形態の差別の撤廃に関する条約）の履《り》行《こう》を監視し、提案・勧告を行うために設置された、外部専門家23名（弁護士、外交官、国会議員、学者、女性団体、NGO代表）による人権擁護組織です。

人種差別撤廃委員会と女性差別撤廃委員会は、国連の正式な機関ではありません。実は国連とは関係がないNGO組織でしかありません。国連の正式な委員会と明確に区別をすべきです。

いかにもの団体を名乗り寄付を集めるのでは国連という名前を利用しただけの団体としか

思えません。正式に国連を名乗りたいなら、国連社会保障理事会の議決を経て、国連総会で対日議決を行うべきです。南朝鮮の言う戦時売春婦について、日本に対し国連で議決されたことは一度もないし、議案が出されたことすらありません。多くの日本人が国連から戦時売春婦について、日本の非が決議されたと錯覚をしています。クマラスワミ報告も国連ではなく、この委員会に出されたものにすぎません。

女子差別撤廃条約の選択議定書によると、この条約の違反によって女子差別の被害を受けた被害者は、女子差別撤廃委員会に対して被害を通報できる個人通報制度があります。しかし日本はこの議定書を批准《ひじゅん》していません。批准を求める請願が国会に提出されましたが、政府は「司法権の独立を侵す可能性がある」として個人通報制度を拒否しています。

すると国連とサヨク系ＮＧＯが連携して日本を糾弾し始めたのです。なぜかと言うと国連には左派ＮＧＯが入り込んでいます。両者の間には、しっかりとした「システム」が構築されています。女子差別撤廃委員会は１９８６（昭和61）年から始まりました。この頃、委員会で慰安婦問題について語られることはなかったのですが、１９９８（平成10）年に開催された４回目の委員会で、日本側から「慰安婦問題に対する取り組み」について、「中高の教科書に記載している」と書いた答弁書を提出してしまいました。現在、国連で慰安婦問題が議題に上がっているそもそもの理由は、日本にも原因があったのです。

委員会は一般人も申請すれば傍聴できるので「対日本」の委員会が開催される時には、NGOや左派団体に所属する人が大量に押し寄せて、傍聴席を占拠します。委員会には外務省を中心に各省庁の役人で構成された「日本政府代表団」が出席し、国連委員からの質問や意見に対して答弁をする必要があります。出席は強制ではなく政府代表団を派遣しない国々も多々ありますが、日本は必ず派遣し答弁をしています。反論しておかないと主張だけが通ります。

委員会の会場は左派NGOのメンバーが占拠しています。中にはチマチョゴリを着た女性までいます。彼らが何をするかと言えば、慰安婦問題などについて国連が日本を糾弾した際に、政府代表団が反論しにくいよう、プレッシャーを与えているのです。

日本からは2008（平成20）年1月から女子差別撤廃委員会の委員に、林陽子《はやしようこ》弁護士が就任をしました。2015（平成27）年2月からは同委員会委員長になっています。この林陽子は早稲田大学法学部を卒業。1980（昭和55）年に司法試験合格、1983（昭和58）年に司法修習終了（35期）し、同年東京第二弁護士会に弁護士登録をしています。この二弁というのは、私が本章において記述した左翼弁護士の集まりです。

林陽子弁護士はあの売春婦でっち上げの松井《まつい》やより（天皇陛下の戦争責任裁判も）と一緒にAPWLDというフェミ系NGOの委員をしていました。クマラスワミもメンバーです。

それなのに外務省は林陽子を国連に送ってしまいました。慰安婦問題が深刻な外交問題になっていた最中になぜ？　と言われています。さらに次期委員には、福島みずほの盟友である伊藤和子《いとうかずこ》弁護士の名前が挙がっています。外務省がＮＧＯのフェミ活動家を国連への政府代表に選ぶ理由ですが、大谷美紀子《おおたにみきこ》弁護士は林陽子と同じくＡＰＷＬＤメンバーです。さらにメンバーの土井香苗《どいかなえ》はしばき隊の神原弁護士の嫁です。外務省内でＮＧＯや日弁連の力が強すぎて制御不能状態になってしまったのです。国連女子差別撤廃委員会（ＣＥＤＡＷ）は、フェミ系ＮＧＯのＡＰＷＬＤに乗っ取られています。松井やよりもあの捏造報告書のクマラスワミも、みんなグルであり左翼仲間なのです。

２０１５（平成27）年7月、国連の女子差別撤廃委員会の準備会合に日本から参加している日弁連は「日本には激しいマイノリティ差別がある。アイヌ民族、同和部落、在日韓国人・朝鮮人、そして琉球民族だ」と発言しました。そのような差別を日本での生活の中で実感などしたことがありません。まさに自ら差別を作り出す「ビジネス」でしかありません。

民主党（当時）は、「戦時性的強制被害者問題解決促進法案」を国会に提出したことがあります。日本に慰安婦への謝罪と賠償を求めるという法案です。この提案者、賛同者、そして背景を見ると確かに統一協会が深く関わっていることがわかります。

一連の背後にいるのは、日本キリスト教矯風会です。非実在青少年《ひじつざいせいしょうねん》規制の条例案の作成には東京ＥＣＰＡＴ（エクパット）が強く関与していますが、ＥＣＰＡＴは矯風会の下部組織です。

矯風会の関係団体として、ＥＣＰＡＴ以外にも次のような団体があります。

1．従軍慰安婦運動

・ＶＡＷＷ－ＮＥＴジャパン（女性国際戦犯法廷を主催）

・日本軍「慰安婦」問題行動ネットワーク

・売買春問題ととりくむ会

2．靖国反対運動

・日本キリスト教協議会

・平和を実現するキリスト者ネット

3．部落利権

・部落差別問題ととりくむキリスト者連絡会

女性国際戦犯法廷は従軍慰安婦問題で昭和天皇の責任を問い有罪判決を下しました。女性国際戦犯法廷を主催したＶＡＷＷ－ＮＥＴジャパンは、ＥＣＰＡＴと同一住所に存在します。

日本キリスト教矯風会の基本姿勢は、平和憲法護持、日本軍による侵略戦争の謝罪と和解、皇室制度への批判、死刑制度への批判などです。左翼思想的な活動、キリスト教原理主義的な活動を主としている団体です。キリスト教関連は、この章の四の2、でも触れます。国連の人権委員会で、画策する代表的日本人が、戸《と》塚悦朗《つかえつろう》と武《む》者《しゃ》小《こう》路《じ》公秀《きんひで》の2人、そして在日朝鮮人の辛淑玉《シンスゴ》です。

国連人権委員会は廃止をするべきです。多額の国連分担金を負担している日本、支払いを中止すれば資金不足から国連本体とは無縁の組織は活動を続けられません。国連人権委員会はまさに「独裁者たちの討論クラブ」の観を呈《てい》しています。最近国連人権委員会のメンバーとなった国々は、リビア、スーダン、ジンバブエ、中共、キューバなど、むしろ悪名高い人権蹂躙《じゅうりん》国家が名を連ねています。国連人権委員会は、定期的にイスラエルに対する糾弾決議を行いますが、前記加盟国のような本当の人権蹂躙国家には沈黙します。高い分担金を払いながら日本の北朝鮮による拉致問題は取り上げられず、真の人権侵害がもみ消される場になっています。なぜチベット問題が扱われないのか、よくおわかりになると思います。本来尊い使命を持つはずの組織が、隠れ蓑にされ思いっきり悪用されています。

3、のりこえネット、首都圏反原発連合

この二つについては、『井上太郎の最前線日記』に詳細に記述しました。

4、反天連

正式名称を「反天皇制運動連絡会」といい、終わりにしよう天皇制、公安は天皇のための尾行をやめろ！等のデモを主催しており、共同声明の賛同団体のリストは171団体にも及びます。紙面の都合上省きますが、ネットででも検索をしてみてください。反日のオンパレードです。

呼びかけ人は菅孝行《かんたかゆき》、どんなものか知りませんが芸術家を称しています。人脈はあの極左以上の北朝鮮代理人の高野孟《たかのはじめ》、そして村田《むらた》レンホウの旦那と続きます。もう1人の天野恵一《てんのけいいち》はエロ本を万引きして逮捕されたことがあります。資金源は、著作や芸術家気どりの画家等が中心です。中核派や革労協とは一線を画すと言いながら沖縄闘争では連携し、左翼としても資金稼ぎをします。SEALDsやT―nsSOWL、のりこえネットが中心のレイバーネットとも連携をしています。理論的背景は、新潟国際情報大学教授の吉澤文寿《よしざわふみとし》（朝鮮現代史）です。著作に「植民地責任と象徴天皇制」があり、驚くほどの反日発言と朝鮮称賛です。

皇室、天皇陛下は制度ではありません。憲法の第1条という筆頭に掲げられる天皇陛下そして皇室の破壊を目的とする団体として、公安調査庁は、破壊活動防止法に定義される対象団体であり、公安審査委員会に活動制限並びに解散指定の請求をするべきです。

四、結局反日左翼はほぼ全てがつながっています、一応分類すると

1、中共・南北朝鮮

左翼支援の会社というと、家庭用プラスチック製品の最大手アイリスオーヤマが挙げられます。社長は帰化朝鮮人の大山健太郎《おおやまけんたろう》氏です。東大阪市から仙台市に移り、前仙台市長奥山《おくやま》恵美子《えみこ》、仙台共産党を全面的にバックアップ、後援会仙台杜の会会長です。中共進出ではあの失脚した重慶市長の薄《はく》と極めて仲の良い関係でした。

奥山仙台市長は、ジャニーズの中共進出会社のJ財団を使いオーヤマ支援でパンダ誘致をしています。共産党の日本女性会議の仙台開催の会長であり、この会に関係するのがあのNHKの駒崎弘樹で、名前が記載されています。奥山市長、元は日教組の教師でした。教育長の時、教員採用決定を事前に漏らし問題となりました。アイリスの奥山仙台市長支援は、日教組時代からです。アイリスは、日教組・共産党に献金があり、9条の会、在日韓国青年同

盟等にも支援寄付をしています。ＴＶのＣＭも当然テレビ朝日系列がダントツです。通販もやっており、中共で生産をしています。アイリスオーヤマの製品を買うことは間接的に中共・日教組・共産党支援をしていると言われても仕方ないと思います。

ここで第三章一の2、身近に存在している左翼、のテレビ朝日のドラえもん募金での登場人物を整理します。戻って確認されるとよりわかります。

駒崎弘樹。ＮＨＫ中央審議会委員。ＮＰＯ法人フローレンス代表理事。一般財団法人「日本病児保育協会」理事長、理事は在日3世の高《こう》亜希《あき》（ＮＰＯ法人ノーベル代表理事）。ＮＨＫ「ネット弁慶は東北でボランティアでもしろ」と広報担当者がツイッターでの暴言を擁護。ネットでは様々な根拠から朝鮮人認定がされています。

大西健丞。ドラえもん募金。ＮＧＯピースウィンズジャパン代表。広島県や宮城県で捨て犬や捨て猫を保護して新しい飼い主さんを探し、災害救助犬の育成もしています。ところが昨年（平成29〈２０１７〉年）の4月以降に52頭もの犬が処分され動物愛護団体などから公開質問状が出されました。インチキあしなが育英会のレインボーブリッヂにも名前を連ねています。ドラえもん基金は、レインボーブリッヂ（また後で出てきます）経由で北朝鮮に流れます。孫正義の財団にも名前を連ね、その他多くの反日と思われる団体に名前があります。

ワンアジア財団。パチンコダイナムグループの出資で中共人と南朝鮮人でメンバーを占めています。この反日アジア財団の依頼で大西は防衛大学校で講師を務め、国会では自民党の和田《わだ》議員がこの件を追及しました。大西は北朝鮮支援のレインボーブリッヂにも関係しており、北朝鮮関係者は全て公安の監視対象と言われています。

北朝鮮での遺骨収容と墓参の実現を求めて「北遺族連絡会」が結成されました。この組織の準備として「清津会」があり、約10年前の鈴木《すずき》・木村《きむら》・池口《いけぐち》氏の訪朝の頃から北朝鮮への窓口として計画されました。事務局には帰国を果たしたよど号犯の家族が入り込んでいます。両組織には、池口恵観《えかん》氏、一水会の鈴木・木村氏、そして西早稲田に関連する人たちが支援者として名前を連ねています。両団体とも事務局長は大西《おおにし》るみ子《こ》です。日本政府並びに厚生労働省社会援護局に認められている団体ではありません。

この団体に資金援助をしているのが、ＮＧＯレインボーブリッヂの小坂浩彰《こさかひろゆき》氏です。レインボーブリッヂはあのあしなが育英会関係のＮＧＯ組織です。日教組と総連そして北との関係も深く、詐欺事件で小坂氏は逮捕もされました。統一協会とのつながりも言われ、あしなが育英会の善意の募金の受け皿となり日教組関連施設の建設運営もしています。元々は北朝鮮支援を目的として設立されたＮＧＯです。引退した亀井《かめい》議員と共に北の工作員と言われるジャーナリストの文明子《ぶんめいこ》氏ともども、パチンコ業界の「静香会」にも入っています。総連直営のパチンコの会です、小坂氏も銀座で豪遊し領収書は取りません。文明子氏にも闇人脈があります。この小坂氏、有田芳生《ありたよしふ》議員のブログにもかなり前から登場し一緒にお酒を飲んだことも書かれていました。つまり有田議員の北朝鮮ルートであり、あの横田《よこた》さんとお孫さんの写真も小坂氏から入手したと見られています。

阿佐ヶ谷サランの会ではしばき隊メンバーも確認されています。サランの会というのは、阿佐ヶ谷朝鮮学校サランの会の略称で、日本にどのようにたかろうかということを支援する会です。連携するのが虹の架け橋、レインボーブリッヂで公安対象者的に言うと北朝鮮シンパもしくは工作員です。

2、南朝鮮

劇団四季は60年以上になるミュージカル中心の劇団で、全国に専用劇場を持っています。出演者の多くは在日と来日した南朝鮮人がほとんどを占めます。公演中のライオンキング、ほとんどは在日と南朝鮮人です。劇団四季の南朝鮮人リスト見ると、とても日本の劇団とは思えません。劇団四季出身の俳優も在日そして朝鮮帰化人が多くいます。報道はされませんが、世田谷の一家殺人事件、犯人は殺害の後なぜか劇団四季のＨＰを見ていました。犯人は指紋を残していますが、日本の警察の管轄《かんかつ》内に同じ指紋は発見されていません。南朝鮮に該当《がいとう》者がいるという話は事実の可能性があります。南朝鮮劇団員による暴行事件も多くあります。

東京ガールズコレクションを運営するイベント会社「F1メディア」、社長は矢吹満《やぶきみち》です。「F1メディア」は、北朝鮮の会社ということを知っていますか？　矢吹こと玄満植《ピョンマンシク》は朝鮮高校卒です。十数年前に所得隠しで逮捕されました。父親は朝鮮総連の埼玉支部長で、総連関連団体の理事です。実兄は総連本部の経済局の部長で専従をしています。


日本のクリスチャン総本山は、日本キリスト教協議会です。大東亜戦争日本悪玉論・靖国・慰安婦・南京事件等反日組織の筆頭です。NCC日本キリスト協議会は、南朝鮮や在日、解放同盟とも関係が深く、国旗・国歌に反対し、天皇陛下を批判し反天連とも組みます。靖国参拝に大抗議もする、まさしく売国奴グループです。大久保の在特デモに対し、対抗するグループに資金提供をしたとの噂もあります。

自称元慰安婦が共同生活する南朝鮮「ナヌムの家」運営は曹渓宗という仏教団体です。対馬から仏像を盗み返さない南朝鮮の浮石寺は曹渓宗の寺院です。曹渓宗はあの池口恵観とも関係し、統一協会との関係もあります。ナヌムの家院長の曹渓宗僧侶のセクハラ行為は大問題になりました。「ナヌムの家」の日本での背景を追求すると、あの西早稲田グループから、曹渓宗関係から故野中《のなか》元自民幹事長や、当然のごとく分派含む民進党そして福島みずほ・辻《つじ》元《もと》等が出てきます。民潭だけでなく総連も関係し、売春婦というより反日の組織です。

日本を貶める活動をすることで有名な、約10万人の南朝鮮人組織「ＶＡＮＫ」。２００５（平成17）年から、世界に日本の「歴史歪曲」を知らせて、国際社会における日本の地位の失墜《しっつい》を目的とした『ディスカウント・ジャパン運動』を行います。２０１３（平成25）年からは、日本の「歴史歪曲」をアメリカやアジア各国に知らしめて反日感情を醸成《じょうせい》させて「日本をアジアと世界からつまはじきにするため」に、真珠湾攻撃、バターン死の行進、南京大虐殺に関する動画を製作しました。様々な言語を専攻する大学生を「グローバル歴史外交大使」として組織し情報工作活動に当たらせています。日本に対して「アジア・太平洋を結ぶ過去の歴史包囲網」の構築を企画しています。彼らの手口は、街宣右翼にも入り込み、ネット上や愛国デモ隊の中にも紛《まぎ》れ込みます。

「良い韓国人も悪い韓国人も殺せ！」というプラカードが世界に配信され、日本はこんなヘイトスピーチをすると報道をしています。これも彼らの仕業《しわざ》です。その対外広報戦略を担う組織がＶＡＮＫと呼ばれています。主にインターネットを駆使して工作を謀《はか》るため、「サイバー外交使節団」とも呼ばれています。

南朝鮮国民は政府に洗脳された反日を信条にして、南朝鮮政府は国民を反日にしむけることで不満の矛先を日本に誘導をしています。平和ボケ日本国民のうち1人でも多く実態を知り、日本人は一丸となって世界での日本の冤罪《えんざい》を晴らす活動をしなければいけません。

3、中共

ニトリの中共寄りが目立ちます。子会社ニトリパブリックが、中共の国威高揚映画の日本公開に尽力したことがあります。自衛隊千歳基地に隣接する大規模別荘地を中共人に販売をしました。ランドセル数千個をチベットへ送りましたが、チベット政策の一環として北京政府の要請に応えるものでした。ニトリの政治資金規正法による寄付は、親中共派の高橋《たかはし》はるみ知事や、岡田《おかだ》元副総理を筆頭の分派含む民進党親中共派議員が占めています。イオンとも連携し、イオンの役員がニトリの役員に就任をしています。ニトリ経営陣の素性《すじょう》や行動は、その中共訪問とも併せ、公安当局が関心を持たずにはいられないと思います。

櫛渕万里《くしふちまり》が主宰する「日本人配偶者後援会」。櫛淵は、辻元清美《つじもときよみ》を通じて日本赤軍とつながりが強い「ピースボート」の元事務局長です。平成20（2008）年「ピースボート」事務局長を退職し、翌年8月の衆議院選挙に民主党公認で東京23区から出馬し初当選。その後は落選です。夫は支那人の過激な反政府活動家（反支那共産党活動家）の李松《りしょう》です。櫛渕万里の男性秘書の父も支那の民主活動家で、李松の関係者です。

櫛渕万里は、小沢一郎《おざわいちろう》の支那訪問団（小沢大朝貢団）に参加しました。過激な反共産活動家の李松ですが、妻を小沢朝貢団に参加させたことも不可解だし、中共が李松の妻の小沢朝貢団への参加を認めたことも不可解です。つまり彼らは過激な反政府活動家（反支那共産党活動家）を装った、中共のスパイ工作員の可能性があります。日本人配偶者後援会は、不法滞在支援ビジネスを行っているともいわれます。

日本人との結婚、再婚、ビザなし、旅券なしの人のための特別滞在許可申請、日本人配偶者のビザ更新と変更、日本人との離婚の後の定住者申請、等です。旅券がない人は日本に来られません。ビザがないなら帰国です。離婚し日本人の配偶者ではない滞在資格欠格者も同様です。

第四章

はたしてマスメディアは反日組織なのか

本来、体制内反体制が基本のマスメディア。日本だけが反政府に見えますが

一、現在のマスメディアは、反安倍

1、その理由とは

マスメディアによる偏向報道や反日ぶりは、ネットの普及によりかなり明らかになりました。確実に言えることは、現在のマスメディアは反安倍ということで一致しています。安倍総理の秘密保護法、安全保障関連法、共謀罪等の政策に併せ、憲法改正の動きがあり、マスメディアは反対の立場から反安倍一色です。結果的にマスメディアは反日左翼的傾向になる、それが現在の状況ではないでしょうか？

マスメディアが反安倍の報道を続ける理由、過去に偏向報道をしてその成果があるからです。平成21（２００９）年の衆議院選挙において自民党は大敗し、民主党（当時）に政権を明け渡しました。そこにはマスメディアによる報道が大きく関わり、真に受けた視聴者という多くの国民が自民党を嫌い、一度任せてみようと民主党に政権が移りました。現在のマスメディアはこれを忘れることができず、メディアという公器を利用して、安倍政権打倒を目論み、偏向報道をし続けているのです。

2、マスメディアはGHQの手先に成り下がっていた

敗戦によるGHQ占領政策である日本弱体化政策の中、日本は米国製憲法を無理やり押しつけられました。東京裁判を使って「日本軍部の悪者（加害者）像」を作り上げられ、「日本政府・軍部が加害者（悪）」であり、「連合国と日本国民は被害者」という絵空事の概念を創り出されました。さらにマスメディアや日教組によって、日本人全体に洗脳教育が施されました。

敗戦後GHQマッカーサーは、あらゆる分野で在日朝鮮人を利用しました。報道新聞各社に在日朝鮮人をそれとなく潜り込ませ、スパイの役割をさせました。今では、在日朝鮮人連中のマスメディア中枢《ちゅうすう》への侵食は、すでに最終事態に至っていると言われます。パチンコマネーや消費者金融などの資金を在日朝鮮人が握り、在日帰化人が牛耳る大手広告代理店の電通と結託《けったく》した朝鮮利権が、広告料という力によりニュースや報道、テレビ界を支配するまでになりました。興行（スポーツ芸能）もプロダクションの多くが在日系であり、テレビ番組も電通が日本のマスメディアを牛耳っています。

それらはアメリカGHQによる戦後占領政策の遺物です。第三国人でありながら日本国内の社会情勢を、すでによく知る在日朝鮮人をGHQが諜報活動の手足に使うことはごく自然でした。在日朝鮮人へ報酬の一部として配給統制品であった煙草《たばこ》を、定期的に与えることを

ＧＨＱは決定しました。配給統制品であった煙草をパチンコの景品にし、遊技場として在日朝鮮人は日本各地にパチンコ屋を続々と開業していきました。

二、マスメディアが反日となった理由とは

1、マスメディアのご都合主義

マスメディアにとって、朝鮮人はいつまでも反日であってほしいのです。朝鮮人、中共人、その他全てのアジア人が反日であってくれないと困るのです。そうでなければマスメディア自身が反日である、ということがより浮き上がってしまいます。マスメディアが日本を批判する時は、自らを心理的に日本人の枠の外に置いて批判しており、マスメディア自身は決して自虐的な人間ではなく、日本人として裏切り者です。なぜ日本人の裏切り者になったのでしょうか。

日本はアメリカとの戦争に敗れ占領されました。ＧＨＱ占領軍は周到な準備の下に、大々的な日本人洗脳作戦を実施しました。新聞をはじめとするマスメディアは、徹底的な検閲によりＧＨＱの手先となって、日本国民を裏切ることを余儀なくされました。許せないのは占領が終わり、検閲がなくなってからも国民という読者に、占領軍の検閲と指示の下に新聞を

作り続けたことを隠し謝罪もせず、占領軍なき後も彼らに代わって日本人を洗脳し続けたことです。彼らは自らの保身と、利益のためにそうすることを続けました。

2、マスメディア自身の誤り

マスメディアの反日のもう一つの理由は、社会主義の崩壊です。彼らは長年にわたり社会主義を賛美し、礼賛をしてきました。ソ連の崩壊により社会主義の誤りを隠すのは無理であり、マスメディアは批判にさらされるはずでした。自らが失業の危機に直面し、予防、反撃のためにしたことが「反日」の大攻勢です。読者、国民からの批判を封じるための先制攻撃です。自国のあらを探し、自国に不利益な主張をすることが進歩的であり、良心の証《あかし》であるとして、国民を屈服させようとしたのです。この作戦は見事に成功し、社会主義を賛美し続けた記者や大学教授は、「社会主義」から「反日」へと看板を架け替え、失業を免《まぬが》れたのです。

三、マスメディアが反日となった背景とは

1、やはり朝日新聞が真っ先に中共に屈服した

一般的に言われていることですが、それは日中国交回復2年前のことです。なんとかマスコミとして中共に食い込みたいと訪中団の一員として、当時の朝日新聞広岡知男《ひろおかともお》社長がいました。中共から帰国後に広岡社長は、文化大革命の礼賛記事を掲載しました。昭和45（1970）年4月のことです。その半年後の10月21日には、新聞協会主催研究会で中共政府の意向に沿った記事を書くことを公言しました。これにより文化大革命の時も、朝日新聞社だけが中共に支局を置くことができました。朝日新聞は、毛沢東中共政府のスポークスマンであるということを内外に宣言したと受け止められました。

2、朝日新聞の体質

マスメディア全般、そして映像や出版、作家等も含めて反体制が多いのは、時の権力に表現の自由・言論の自由で対抗し訴えてきた歴史があります。さらにマスメディアの中立性が後退をしています。

マスメディアの採用、特に朝日新聞から見て検証をします。マスコミ特に朝日、公立学校の教師、自治労等の公務員に、なぜ左翼が多いのかというのには明確な理由があります。左翼連中は第一次安保闘争頃から過激となり、逮捕者が続出しました。一般企業では思想調査を行い、簡単には左翼を採用しません。ところがマスコミとして本来は体制内反体制、マスコミとしての気骨、ペンは剣よりも強し、等のポリシィもあり採用に思想はあまり関係がありません。従って一般企業からはみ出された左翼が、マスメディア、公立校教師、公務員等に集中をすることになります。

反骨精神なり強烈な個性を持つ人間が注目をされます。中々そんな学生はおらず、ある程度の成績があれば後はほとんどがコネです。コネですからやはり思想は関係ありません。朝日・毎日そしてその系列、一部のマスメディアには、在日採用枠の他に、中共・南朝鮮人の採用枠もあります。中韓等の現地で採用し日本に転勤をしてきます。さらにテレ朝・TBS等のテレビ局にも移動をします。ですから偏向報道は当たり前なのです。

朝日新聞の特徴を言うと、国益を大きく損なう反日・売国的な捏造・偏向報道が日常茶飯事です。捏造が暴かれると開き直ります。在日朝鮮人の犯罪は通名報道をして本名を隠します（例：「元広告会社長の殺害容疑でも逮捕へ監禁罪で起訴の被告」朝日新聞２０１５年10

月23日）。庶民を恐喝《きょうかつ》して新聞購読させようとする新聞勧誘配達員がいます。元社長の息子が犯罪者であり、朝日新聞社グループには大量の犯罪者がいます。自社の不祥事は無視あるいは小さくしか扱わないのに、他社・他人の不祥事は徹底的に叩きます。時々「保守」「反中共」であるかのような報道を少しだけしてごまかし、共産党や民進党とその分身党を必死になって応援をします。朝日新聞は「反安倍」「反自民党」「反日」が一枚看板ですから、「反日」を叫ぶ国や人物であれば、どこの国でも誰でも肩を持つのではないでしょうか。

１９５０年代には明らかにソ連寄り、共産主義国寄りで、朝鮮戦争も南から北への侵略と書いていました。朝日新聞は戦前・戦後を通じて反英米派で親大陸派です。戦前は、欧米列強からのアジア解放という名目での大陸重視をしていました。戦後は日米同盟重視の政策批判としての大陸重視ということが編集方針として存在していると思います。

３、新聞倫理綱領とは

戦後の昭和21（１９４６）年、ＧＨＱ占領軍は新聞業界を指導して「新聞倫理綱領」を作成させました。ＧＨＱ自らは、序章で述べた新聞報道取締方針（ＳＣＡＰＩＮ―16）があります。ＧＨＱによる占領政策の終了後も、この綱領を掲げていた日本の新聞業界は、独立回復後も実質占領軍の精神的な支配下にあったと言わざるを得ません。新聞業界はＧＨＱ占領軍の「検閲」と「強制」に一言も抗議をすることなく、「日本の民主化」（日本の解体）の尖《せん》兵《ぺい》を務めることを約束させられました。言論の自由は民主主義の根幹を成すものであり、「検閲」や「強制」と「民主化」は決して相容《あいい》れられませんが、日本の新聞業界はこの矛盾に沈黙をしました。この時以来日本の新聞は、アメリカの欺瞞《ぎまん》に対して口をつぐむことになりました。アメリカを批判することは、この欺瞞に沈黙してきた自らの責任を問うことになるので、今なお批判を避け、沈黙を続けるのです。

戦争中の日本政府の検閲は公然と行われましたが、GHQ占領軍のそれは、検閲が行われていることを徹底して隠蔽をしました。その検閲に対して日本のジャーナリストは誰一人として、抗議も抵抗もしませんでした。己の保身のために平然と国民を裏切り、日本の独立回復後も真実を明らかにせず今日に至っています。これが日本のマスコミの反日の原点です。

四、朝日新聞は変われるのか？　反日という本質の正体は？

1、朝日と中韓の関係

朝日新聞は人民日報と提携しています。人民日報とは、中共共産党中央委員会の機関紙です。中共共産党の「国営プロパガンダ機関」である「新華社」の日本支局は、朝日新聞東京本社の社屋内にありました。朝日新聞の秋岡家栄《あきおかいえしげ》氏は、「人民日報」海外版の日本代理人にも就任しています。中共における朝日新聞とNHKの待遇は、別格です。

朝日新聞の南朝鮮に対してはどうかというと、金大中《キムデジュン》大統領以前は、朝日新聞は明らかに反韓・親北朝鮮でした。故朴《パク》大統領時代には、激しく南朝鮮を批判し続けていました。当時の南朝鮮は反共国家だったからと思われ、容共産主義の朝日新聞にとっては面白くなかったのでないかと思います。今では南朝鮮国内で朝日新聞は、日本で一番格調が高い新聞メディアだと認識されています。植村隆《うえむらたかし》南朝鮮特派員時代の平成3（1991）年8月11日の朝日新聞に、初めて慰安婦に関する記事を掲載してから特に評価されています。

2、朝日新聞の捏造体質

朝日新聞の戦後の代表的な捏造記事の一部です。

昭和25（1950）年9・27 行方不明の共産党幹部の伊藤律《いとうりつ》とのインタビューを捏造しました。今でもこの部分は新聞記録では白面になっています。

昭和46（1971）年8・26 本多勝一が「百人斬り」「万人抗」等、日本軍の残虐ぶりを印象付ける捏造コラム「中国の旅」を31回にわたる連載をしました。

昭和46（1971）年9・13 林彪《りんぴょう》事件を否定、隠蔽報道しました。

平成元（１９８９）年４・20朝日サンゴ事件。沖縄のサンゴに自ら「ＫＹ」と傷をつけ写真を撮り、モラルの低下・環境保護を訴えました。

平成３（１９９１）年８・11「従軍慰安婦」の捏造報道の始まりです。

平成７（１９９５）年３・31東京都知事選に立候補していた石原信雄《いしはらのぶお》氏の祝儀袋を捏造。

平成13（２００１）年２・26ＫＳＤの架空党員による自民党費立て替え問題で「徳川家《とくがわいえ》康《やす》」「石川五右衛門《いしかわごえもん》」等の名前があったと捏造。

平成16（２００４）年８・11サマワの自衛隊宿営地内に迫撃砲弾が撃ち込まれたと捏造報道。

平成17（２００５）年１・12ＮＨＫ番組改変問題を捏造。安倍晋三《あべしんぞう》・中川昭一《なかがわしょういち》両議員の失脚を図る目的で安倍晋三、中川昭一ら政治家がＮＨＫに圧力をかけて番組内容を改変させたと謀略報道。


南朝鮮の売春婦問題もモリカケ騒ぎも、朝日新聞の報道犯罪から始まりました。原発の高レベル放射性廃棄物の最終処分場についての説明会、広報業務を委託された業者が謝礼金を約束して学生を動員していたとの朝日の記事。ソースは立憲民主党の初鹿《はつしか》議員に聞いたというだけでした。この記事は誤報だとして経済産業省から抗議をされました。

朝日新聞が持ち上げている前川《まえかわ》貧困女子調査官、彼が部下の牧野美穂《まきのみほ》に作らせた玉木《たまき》文書では獣医学部新設について政務三役が関わる会議があったかのように書かれていました。（「萩生田光一官房副長官が「加計文書」の真実を語る」産経新聞2017年7月22日）国会で菅原一秀《すがわらいっしゅう》議員により獣医学部新設は議題になかったことが明確になりました。明らかに虚偽の報道であり、これは誤報というよりでっち上げた前川貧困女子調査官との共犯です。

特に悪質だったのが、森友学園の籠池泰典《かごいけやすのり》前理事長が、取得要望書類として提出した小学校の設立趣意書に、開設予定の校名として「安倍晋三記念小学校」と記載したことを朝日新聞の取材に認めたというものです。財務省が開示した資料では、開成小学校と書かれ、安倍総理は全く関係ないことが明らかになりました。

3、朝日新聞の本質、報道のいい加減さ

元ソウル特派員のジャーナリスト前川惠司《まえかわけいじ》氏が『朝日新聞元ソウル特派員が見た「慰安婦虚報」の真実』（小学館刊）を上梓《じょうし》しました。現役時代は朝日の体質の中にどっぷり浸かり、自身の生活をしっかり確保をしています。退職し貰えるものは貰って年金も確保できたら、お世話になった会社を批判するのは最低だと思います。現役時代にこそ会社に向かい間違っていると叫んでこそジャーナリストの反骨精神です。退職後なら何とでも言えます、こんな卑怯《ひきょう》な体質が朝日新聞そのものと言えます。長年染みついた体質と、反日編集方針は未来

永劫《えいごう》変わるとは思えません。

朝日新聞は、在日朝鮮人についてはいつも国籍を報道しないのでしょうか。そんなことはありません。朝鮮人が被害者になった時（朝鮮総連が主張するチマ・チョゴリの女子学生に対する嫌がらせ事件）は、特別扱いの大きさでかわいそうな朝鮮人と、心ない日本人の記事を書いています。被害者になった時だけ国籍を強調し、犯罪者となった時は国籍を隠すのはなぜでしょう。

安保関連法における報道で、極めて朝日新聞らしい偏向報道の特徴がありました。国会にこの法案が出された時のインタビューを掲載しました。紹介されている意見は自衛官２人、大学院生１人、団体代表２人、の合計５人の意見にすぎませんでした。自衛官は全国で24万人、国連平和維持活動に参加した隊員だけでも数千人はいます。特定の１人２人の意見を紹介するなら、なぜその人物を選んだかを明らかにしなければその重みはありません。恣意《しい》的に選んだ２人だけの自衛官の意見を紹介しても、自衛官全体の意見ではありません。自衛官の意見として報じることは、読者にその意見が自衛官の多数意見、あるいは典型的な意見であるという誤解を与えます。大学院生、一般市民についても同様です。一般市民は１億人以上おり、朝日新聞は多数の一般市民の中からどうやってこの２人を選んだのでしょうか。確かに一般市民ではあっても、一般市民の代表ではありません。政治活動をしている市民団体の代表者は一般市民とは言えません。選んだ根拠がなければ、この人たちの意見は1億2000万国民の中の5人の意見にすぎず、この5人の意見だけを新聞紙面に大きく取り上げる理由がありません。残りの1億1999万9995人の意見はなぜ無視をするのでしょうか。恣意的に選んだ一般市民の意見だけを紹介して、あたかも一般市民（国民）の多数意見であるかのように報道する、これが朝日新聞の偏向報道の常套手段です。

朝日新聞が言う「大局を見失うな」とは、日本に拉致疑惑の徹底解明という立場を譲歩するよう主張し、北朝鮮に対して譲歩を迫ることとは何も言いません。

小泉首相が靖国神社を参拝した時、扶桑社の歴史教科書が検定に合格した時、中共や南朝鮮は、日本の政治家の訪問を断ったり、自衛艦の寄港を断ったり、市民交流を中止し、様々な抗議行動をしました。しかし朝日新聞は中共、南朝鮮によるこのような行為に対して、「大局を見失っている」とは決して言いませんでした。近隣諸国との良好な関係という大局のために、小泉首相は靖国参拝を慎《つつし》むべきだと言いました。大局のために譲歩すべきは常に日本であって、中共や南朝鮮に対して対局を見失うなという主張は決してしません。朝日新聞の「大局云々」は、結局、形を変えた反日の主張でしかありません。

朝日新聞は、不祥事や誤報が発覚しても、謝罪や訂正をまずしません。謝罪・訂正記事を出せば、その記者及びその上司の後のキャリア、人事と給料に直接影響してくるからです。そのため両者一体となって謝罪訂正の回避に力を尽すのです。その典型が慰安婦報道です。朝日新聞の人事制度はとても保守的で、身分差別が強いと言われています。地方採用の記者は一生通信部を回りますが、エリートは10年くらいにわたり論説主幹を務めます。人事が硬直化をしているといったん東京に上がった記者は、デスクに迎合《げいごう》した記事を書くようになります。少しでもデスクの意向に合わない記事を書くと、次の異動で地方に飛ばされるからです。

朝日新聞の社風は、「謝らない、訂正しない、反省しない」です。従って謝罪・訂正などあり得ないのです。一度の失敗でも首を取りに行く、極刑を求めるのは独裁国家の支配者の発想であり、「朝（鮮）日（報）新聞」と揶揄《やゆ》されるだけのことはあります。

捏造、隠蔽、偏向報道をする、そんな企業体質が朝日新聞にあり、日本を貶め、日本を侮辱し、中共や朝鮮の立場で報道をすることが、戦後のＧＨＱの検閲以来の朝日新聞の社是《しゃぜ》なのです

4、朝日新聞の世論調査、ではない世論誘導

朝日新聞の世論調査では、単純にYES・NOで答えるのではなく、わざわざ言葉を選んで「納得できる」、「納得できない」という答えを求めることが多く見られます。安倍政権の商品券配布の時には、「賛成ですか。反対ですか」という質問をしています。なぜ、この質問の時にだけ「納得できますか。納得できませんか」ではないのでしょうか。それはこの質問に関しては、否定的な回答が多くなることを期待していなかったからです。この他にも首を傾《かし》げたくなるような質問が、朝日新聞にはたくさんあります。例えば「あなたは、どの政党が一番好きですか」。政党は「好きか嫌い」ではなく、どの政党を支持しますか、が一般的です。

「憲法や靖国神社への参拝の問題」の項目の回答の選択肢の時は、なぜ「支持する」「支持しない」ではなく、「慎重に」と「積極的に」だったのでしょうか。「慎重に」というのは、「慎重に進めるべきだ」という消極的な支持なのか、反対なのかはっきりしません。多分両方が含まれていると思います。できるだけ朝日新聞の主張に沿うような回答を導き出すために、世論調査の設問をしているのです。

五、ＮＨＫの闇

1、ＮＨＫこそが既得権益に守られている典型、政治家との癒着

ＮＨＫは総務省管理下の特殊法人で、放送法によって設立されています。ＮＨＫが映らないテレビを生産することはできません。家庭電化製品の製造関連の規定があり、テレビ放送の周波数帯域視聴をクリアする規制があるからです。ＮＨＫの予算を審議するのは国会です。過去ほとんどの予算が修正なしに、全会一致で可決されています。ＮＨＫの受信料（実質上は、特殊法人であり税法上のこともあり寄付金）を国会内や議員会館さらに議員宿舎等では免除されている国会議員に、予算はじめ受信料支払義務法制化の法案問題を議論、可決する権利は全くないと思います。受信料を強制的に納めさせられている、国民視聴者こそがスポンサーです。本来は視聴者が決めるのが民主主義のルールではないでしょうか。

ちなみにＮＨＫへ親族を就職させた国会議員（元も含む）です。中曽根《なかそね》康弘《やすひろ》元総理の娘（アナ）、久間《きゅうま》元総務会長の娘（ＰＤ）、片山《かたやま》元総務相の息子（社会部記者皇室担当）、故松《まつ》岡《おか》利勝《としかつ》の息子（アナ）、高村《こうむら》正彦《まさひこ》自民党副総裁の娘（経理）、村田《むらた》元防災相の娘（ＰＤ）、上《うえ》杉《すぎ》元自治相の息子（ＰＤ）、田野瀬《たのせ》良太郎《りょうたろう》の息子（元ＰＤ）、栗原《くりはら》祐幸《ゆうこう》の息子（ＰＤ）、太田《おおた》

誠一《せいいち》の娘（ＰＤ）、上田哲《うえだてつ》の息子（ＰＤ）、石川要三《いしかわようぞう》の息子（ＰＤ）、故原田昇左右《はらだしょうぞう》の息子（元衛星番組部長、現国会議員）、柿沢弘治《かきざわこうじ》の長男（元記者、現三途《みと》国会議員）、羽田孜《はたつとむ》の弟（報道）、竹下登《たけしたのぼる》元総理の弟（元記者）、猪瀬直樹《いのせなおき》元都知事の娘（クローズアップ現代ＰＤ）、と自民党だけではありません。

歴代のＮＨＫトップは、政治家対策と称して、接待・裏ガネを様々な形を用いて捻出《ねんしゅつ》、調達をしてきました。制作費、外注費、工事費の水増したが一般的な方法でしたが、島桂次《しまけいじ》元会長が副会長の頃から海外支局への送金、還流が多用されるようになりました。総会屋集団である「論談同友会」に、ＮＨＫの裏金づくりに使われた海外の隠し口座の一つ「エンプラ・ワシントン」の証拠書類が持ち込まれたことがあります。海老沢《えびさわ》元会長も確認しており、それを知りながら海老沢元会長は何もせず、逆に彼はそれを己の復職のための武器としました。政治部出身の海老沢氏が会長になって以来、政界との癒着《ゆちゃく》を深め、持ちつ持たれつの関係がより強固に構築されていきました。ＮＨＫへのコネ入局、選挙の情報を教えてやり、多くの接待攻勢、総務省には天下り先を用意し、著名人には御用会議や経営委員会を開き、多額の金をバラまく。これだけの努力をしているのだから、俺たちにも便宜《べんぎ》を図ってくれて当然という関係が、ＮＨＫと各界との間に深く浸透をしてくことになりました。

ＮＨＫによる政界への便宜供与は、様々な形で行われています。ＮＨＫ政治部の記者が選挙の際に自局の出口調査の結果等を政治家に流すのは、永田町では公然の秘密になっています。かつて森喜朗《もりよしろう》元総理が「神の国」発言で批判を浴びた時、ＮＨＫの番記者が記者会見を乗り切るための指南書を作成していました。ＮＨＫ政治部の記者の中には、記者というより政治家の相談相手という意識の者が多くいます。厚労大臣などを歴任した自民党議員の事務所には、午前中にＮＨＫ職員が出勤し電話番等を行っている光景も目撃されています。

政治家にとってＮＨＫは、選挙期間中に世論調査の結果を流してくれ、後援会選挙民対策に、紅白やのど自慢のチケットを融通《ゆうずう》してくれ、パーティー券まで買ってくれる最高のパートナーです。ＮＨＫは歌謡コンサート等のチケットを大量に国会議員にばら撒《ま》き、それが後援会にバラ撒かれます。国民一般視聴者はどんなに応募してもめったに当たりません。公開抽選もなく、ＮＨＫに受信料を払っている視聴者には見せないで、多くが政治家の後援会に入場券は回されているのです。

ＮＨＫでは、タクシーチケットの束はなんとでもなります。例えば、社民党の総務委員会所属議員の何某先生に渡しておきましたと言えば、それ以上全く詮索《せんさく》をされることはありません。なぜ社民党のようなどうでもいい政党の総務委員会所属議員にまでタクシー券を配るのかというと、国会の総務委員会（ＮＨＫの予算審議をする）でＮＨＫ会長にきつい質問をされないためです。社民党のような政党の議員ほど、自民・公明・民進の総務委員にタクシーチケットの束を配っておいて、なぜ俺たちには回ってこないと嘆くそうです。このタクシーチケット、ＮＨＫ職員の中には自分の妻や子供にまで束で渡しているせこい奴もいます。タクシーチケットは、視聴者からの受信料で購入されています。受信料は、放送のために国民が支払っているお金であり、国会で議員にＮＨＫを有利に取り計らうためのものではありません。極めて賄賂《わいろ》性が高いのではないでしょうか。

政治家は、政党や自身のＰＲにはもってこいのＮＨＫを絶対に手放そうとはしません。特に資金力のない社民党や共産党は、ＮＨＫがなければ困ります。社民党、共産党、民進党（分派も）は、ＮＨＫの労組とは極めて懇意《こんい》にしています。従ってどんなに間違ってもＮＨＫの民営化などは言い出せません。ましてや電波オークションなどとんでもないことです。国会対策として政治家の近親者を入局させるＮＨＫ、自民党もコントロールできるＮＨＫは失いたくない、選挙情勢をどんな政党であれＮＨＫ並みに把握をするのは不可能です。それが国民からの資金でできるので、こんな利用価値のある放送局は他にないのです。軍事クーデターとかが起こると、必ず放送局を押さえる理由と同じであり、広告塔であり、公報であり、官報の役割まで持つことなのです。

2、だから安倍政権はＮＨＫであっても叩かれる、そしてそこには反日体質も

中共や南朝鮮にとって安倍総理が長期政権を続けることは、日本という無尽蔵《むじんぞう》の金のなる木を失います。ＮＨＫは、中共や南朝鮮のそんな意向による強い要請の下での報道としか思えません。あまりにも見え透いた情報操作は犯罪的であり、政治家を他人の言葉尻をとって引きずり下ろそうという偏向報道は、電波という公器を利用しての違法行為です。政治人事にまで露骨に干渉してくる公共放送は、もはや放送法違反を通り越した政治団体と言えるのではないでしょうか。自民党はＮＨＫと親族の裏口入社の蜜月をやめ、政府人事に干渉してくる身の程知らずの公共放送を解体すべきです。

ＮＨＫが反安倍であるもう一つの理由、それは第一次安倍政権の菅《すが》総務大臣との連携にあります。平成19（２００７）年5月5日、ドイツ訪問中の菅義偉《よしひで》総務相はウィースバーデン（ドイツ西部）で同行記者団に対し、放送事業者の電波利用料を値上げする方向で見直す考えを表明した。菅氏は「受益者負担の関係から、大幅な見直しを図っていきたい」と強調した、と共同通信が報道しました。

電波利用料は当時の見込みで、民放とＮＨＫの支払いが約38億円なのに対し、国側の放送

関係の歳出は約212億円です。菅総務大臣は「放送局は高給だという批判もある」とも指摘し、電波利用料の値上げは可能との認識を示したものでした。さらに安倍政権による電波オークション問題があります。NHKや民放各社において、このような政策を掲げる安倍総理そして今は菅官房長官のことが憎くてたまらないのです。

さらにNHKにある反日左翼体質です。前回の東京都知事選挙に出馬した、労組の代弁者である鈴木《すずき》たつお氏はNHK出身です。彼の都知事選挙におけるスローガンは「1千万人の怒りで、アベ倒そう!」でした。

民進党とNHKの深い関係は、NHKの職員労組が日本放送労働組合（日放労）であり、2年前の参議院選挙でも、民進党現職で情報労連の吉川《よしかわ》さおり氏を推薦しています。日放労は、昔は社会党、今民進党、そして立憲民主党です。NHK職員は極左の日放労幹部（約100名の共産党員）に頭が上がらず、放送も偏向になります。NHKの癌《がん》は、労組もその一つです。

私は公共放送の職員に労働組合法は不適合と確信をしています。警察・消防・自衛隊に労働組合はありません。公共放送は国民のための放送局であり、スト権により災害等の放送ができなくなるのは国民の公共の福祉に反します。労組圧力があるから偏向放送を行い、中立であるはずの公共放送を歪《ゆが》め、その労組が政党支援をするというのは大きな矛盾です。NHK職員は労働者である前に公共放送の職員ですから、労働組合の活動であっても特定の政党を支持することはやめるべきです。

NHK職員の平均年収は1780万円です。NHK会長、NHK経営委員会委員長の年間報酬は3192万円で、総理大臣よりも多いのです。国民の受信料から支払われています。

3、NHKの諸悪の根源、総合企画室

NHKには総合企画室という部署があります。経営の長期計画を策定するのが表向きの仕事です。100名程度のスタッフは、「経営計画」「デジタル放送推進」「関連事業」「システム企画」の四つのグループに分けられています。ところがいずれのグループにも属さず、名簿にも担当が記されていない職員がいます。元NHK職員の立花孝志《たちばなたかし》氏によると、通称「企画」と呼ばれる彼らこそ、国会対策に専従する政界工作員です。彼らの仕事は多岐にわたります。

表の仕事として、NHKの予算を通すために議員会館に日参し、「ご説明」や「質問取り」を行います。ロビー活動を繰り広げる彼らの多くは、政治部出身者で固められており、永田町特有のルールを熟知《じゅくち》しています。

「企画」の仕事には、裏の仕事もあります。KTという議員の証言ですが、「NHKはあの手この手を使って政治家を籠絡《ろうらく》しています。かつては厳しい質問をしていたのに、明らかにNHKに有利な質問しかしなくなった議員も1人や2人ではありません。総務委員になると政治家は、NHKから様々な便宜を受けます。逓信委員会理事を経験した自民党中堅議員は、本来は抽選でしか手に入らないはずの年末の紅白歌合戦のチケットを毎年20枚融通してもらっています」

政治家のパーティーは、政治資金集めが目的です。仮にその政治家がNHK予算を審議する議員だとしたら、予算を政治家に承認してもらうために、パーティー券購入も充分予想されることです。NHKの幹部職員は、パーティー券購入は自腹であることを強調していますが、NHKの資料によれば、総合企画室全体の予算は約139億円もあります。

総合企画室、もう一つの大きな役割が暴力団対策であり、それが大相撲です。現在の相撲人気と言ってもNHKと競合してまで、民放は絶対に大相撲放送をしません。テレビ朝日は大相撲ダイジェストの放送をやめました。本来スポーツ放送権料が発生する条件は、2社以上の放送局が一つのスポーツソフトを獲得したい場合だけです。にもかかわらずテレビ朝日が放送をやめNHK単独になっても、NHKは放送権料を年間30億円も相撲協会に支払っています。相撲協会経由でやくざに金を払っているのです。相撲の興行、これはいまだに興行師つまり背景にはやくざが存在しています。

相撲界とやくざの関係は、故佐々木道夫山口組系組長の回顧録にも日刊スポーツにも連載され、北の海理事長時代に山口組との関係が、新潮に写真と共に掲載（その写真は私の購読記事にもあります）、さらに日大相撲部監督から日大理事、ＩＯＣ副会長の田中は、山口住吉両方のトップとのツーショット写真が文集、新潮、フライデーに載り、日大相撲では輪島以来やくざの関係があると記事にされています。


あまり価値のなくなった巨人戦の放映権料は1試合8０００万円です、それをＮＨＫは倍以上の値段で読売新聞から高く買い取っています。ＮＨＫがスポーツ放映権を、競争価格を無視してまで高く買うことができるのは、潤沢《じゅんたく》な受信料収入があるからです。読売新聞はＮＨＫに高く放映権を買ってもらった見返りに、ＮＨＫのための報道をするようになります。ＮＨＫは読売新聞と結託をして、民営化阻止等のキャンペーンを張ります。ＮＨＫを持ち上げる番組を日本テレビでよく見かけますが、「受信料不払い者への罰則導入も必要」とする社説が読売新聞に載るのには、このような背景が隠されています。

ＮＨＫは潤沢な受信料をバックに放送業界、政治家、財界とあらゆる業界を味方につけ、民営化を阻止しています。ＮＨＫの受信料制度は、ＮＨＫの職員を特権化するだけでなく、新聞社まで堕落《だらく》させマスメディア全体までもダメにしていると思います。

4、幹部社員とも言われる、在日朝鮮人4人とは

ＮＨＫで幹部に昇進した在日朝鮮人４人とは、李紀彦・玄真行・田容承・朴元瑛源だという情報が流れたことがあります。ＮＨＫが在日朝鮮人のディレクターをよく使っていることは確認できました。

朴元瑛源は、子会社「ＮＨＫエデュケーショナル」にＮＨＫから出向中、児童買春のため警視庁に逮捕され、東京簡裁から罰金50万円の略式命令を受け、平成19（２００７）年6月26日付けで懲戒免職処分になっていて、少なくとも現在、ＮＨＫ本体に在籍していないと思われます。

田容承は、南朝鮮ソウル出身の南朝鮮人ディレクターです。この人物はテレビ朝日のディレクターでもありましたが、ＮＨＫ「プロジェクトＪＡＰＡＮ」の一環である、ＥＴＶ特集シリーズ「日本と朝鮮半島２０００年」を担当していました。ＮＨＫの反日番組としてかなり批判されました。

李紀彦は、ＮＨＫの「よみがえる海峡を越えた絆・朝鮮通信史４００年」という番組を担当しました。

玄真行は、在日朝鮮人2世。プロフィールに「1958年、東京生まれ。父母は、韓国済州島出身。」とあります。東京ビデオセンターなどに所属していると思われるので、NHK職員ということではなくNHKの外注先です。ここ30年くらいNHKを筆頭に、テレビ朝日、フジテレビ、関西テレビ、TBS、BSフジ等で番組演出し、多くの賞を獲得しています。

六、NHKと中共との関係

1、とても日本の公共放送とは思えない

中共におけるNHKの待遇も格別です。NHKの北京支局は「中央電視台CCTV」のビルに間借りをし、NHK本社の中には中共政府の直接指揮下にある公共放送「中央電視台CCTV」が入居しています。社員食堂や諸々の厚生施設（レストランや社員用酒場、屋外施設など）も相互利用していることでしょう。中共の意に反する番組など、とても制作放送などできるはずがありません。

中央電視台CCTVは中共共産党の宣伝謀略機関で、民主主義国家と同質の放送局などではありません。このような組織と同じ屋根の下で同居するということは、報道の自由が独裁国家である中共共産党の監視下に置かれることにもなりかねず、陰に陽に様々な形で圧力を

懸けられる恐れがあります。このような選択をしないのが民主主義国家としての常識だと思います。

史上最悪の国家侵略戦争をした中共。チベット大虐殺は約2000万人死亡、ウイグル大虐殺は約1500万人死亡、法輪功虐殺は約1000万人死亡、文化大革命は約3000万人死亡、満州事件・通州事件・通化事件等の日本人虐殺もあります。しかしNHKはこうした事件には一切触れもせず、この国の批判を一切していません。それどころかこの国を礼賛し、賛美さえしています。「中共に不利な報道を決してしない」その密約の見返りとして、中共奥地の独占報道権を認可されているのがNHKです。「シルクロード」や「万里の長城」「パンダの生息」等、世界でもNHKだけが報道をできる理由は、報道の魂と日本という祖国を売ったからです。ウズベキスタンの住民虐殺やアフリカルワンダ虐殺の報道はNHKスペシャルで大々的に報道しますが、中共によるチベット虐殺についてのニュースは、全く報道をしません。シルクロードばかり放映をし、中共の雄大な自然を放送して、日本人観光客を増やそうとしています。まるで中共政府の広報機関としか思えないNHK、日本人を騙すことによって中共政府が得た莫大な金は、チベット虐殺・ウイグル虐殺の費用になります。

2、ＮＨＫの偏向報道

中共政府からの命令を受け、天安門事件をＮＨＫは放送しませんでした。それどころか天安門事件での民衆の死者は、実は皆無に近かったという中共当局の謀略宣伝を、事件後何年か経《た》ってからＮＨＫは放映をしました。中共が日本の主要都市にミサイルの照準を合わせている実態を、報道することなどありません。南朝鮮の国を挙げての反日や、日本文化のパクリの実態等も全く報道をしません。南京問題、竹島侵略、教科書問題、靖国参拝問題では中共と南朝鮮の一方的主張ばかりを報道し、日本の立場の報道は全くありません。ＮＨＫは一党独裁政治、人権侵害、情報統制や法輪功拷問レイプ虐殺や、生きた人間から臓器移植をすることも一切報道しません。東條《とうじょう》英機《ひでき》やヒトラーのことは何十回も報道をしていますが、世界で一番の大虐殺をした毛沢東については、ここ数十年一度も報道をせず、文化大革命や天安門事件には全く触れようともしません。ここまで恣意的に歪曲し、偏向した公共放送があっていいのでしょうか。

靖国神社への報道姿勢にもＮＨＫの虚報、偏向の体質が発揮されていると思います。終戦記念日の8月15日に、23万人、20万人、26万人の参拝者が訪れても、この事実を報道したことは一切ありません。ＮＨＫは毎年取材クルーを仕立てて靖国神社に来ますが、当日の報道は開門直後の拝殿前の様子を伝える閑散とした姿だけです。
そして故島倉千代子《しまくらちよこ》の持ち歌である「東京だよ、おっかさん」の2番の歌詞を、NHKは絶対に歌わせませんでした。2番の歌詞は、田舎からやってきた「おっかさん」を靖国神社に案内する歌だからです。
お兄ちゃん　千代子もこんなに大きくなりました　やさしかった兄さんが　田舎の話を聞きたいと　桜の下でさぞかし待つだろ　おっ母さん！　あれが　あれが　九段坂
逢ったら泣くでしょ　兄さんも
私はこの2番の歌詞が大好きです、NHKは言論表現の統制機関なのでしょうか。

七、NHKと電通の関係

1、広告とは無縁と思われるNHKですが

電通から広告主を斡旋《あっせん》してもらうので、民放テレビも新聞社も出版社も、電通にはどうしても弱くなります。NHKは広告主の斡旋とは無縁ですので、電通とは特に関係がないと思われがちです。ところがNHKは大リーグとワールドカップは、電通を経由して放送権を購入しています。電通とNHKは、スポーツ放送権契約で密接につながっているのです。電通

のパーティーにはＮＨＫの幹部職員が招待をされています。

電通は国内最大の広告代理店であり、日本で取り扱う広告のほとんどを独占しています。戦後からいくつものテレビ局の創設にも関わり、テレビの普及にも努めました。アニメの製作費が20％も流れるし、ＣＤの再販制度にも関係し、オリコンチャート、視聴率、ＣＭまで全て電通だと言えます。これだけを見ても相当マスメディアを自在に動かせると思われますが、まだまだあります。電通の傘下には、共同通信と時事通信が存在しています。戦後ＧＨＱにより財閥解体がされましたが、元々は一つで戦前は日本電報通信社という社名でした。准特務機関の性格を生かし政府・ＧＨＱに食い込みました。戦後の財閥解体を受け電通・共同通信・時事通信に分かれ、今でも株式を持ち合っています。ニュースを見ているとわかると思いますが、テレビや新聞で流すニュースの多くが、共同通信とロイターで構成されています。地方を含め全てのテレビ・新聞・ラジオが、共同通信と契約または配信を受ける加盟に参加をしています。共同通信が情報を発信し、論調の統一を実行し少しでも反抗すると、なぜか右翼が速攻で嫌がらせをしてくるそうです。右翼団体が国家大系思想とはそれほど関係ないと思われるような内容で、マスメディアはじめ各企業に対し、街宣活動等の抗議活動をする背景には電通という存在があるのです。銀座のクラブで電通社員と、右翼・やくざ・総会屋等との反社会的集団とのつき合いは、毎日のように見られる光景です。各企業等も直接の反社会的集団との接触には、警察や世間の目が光っています。顧客である各企業の表面には出せないことの処理まで電通が行い、密接かつ強固につながっているのです。

電通が、マスメディア界にとどまらず、全てを支配し思い通りに操れると考えてください。その情報力は世界に及び、民間による諜報インテリジェンスと言えます。時事通信というと、極めて密接な関係先として創価学会と統一教会があります。

ＮＨＫが衛星放送を開始した頃の話ですが、アメリカの５大メジャースポーツである、ＮＢＡ・ＮＦＬ・ＮＨＬ・ＭＬＢ・ＰＧＡを放送することが決まりました。ＮＢＡ「バスケットボール」ＮＦＬ「アメリカンフットボール」ＮＨＬ「アイスホッケー」は、ＮＨＫが直接権利元から買っています。しかしＭＬＢ「メジャーリーグ」とＰＧＡ「ゴルフ」は、電通が放映権を持っていました。そこでＮＨＫは、子会社のマイコを使い電通の権利を奪いに行ったことがありました。

電通からＮＨＫに泣きが入り、ＭＬＢだけは電通に残すことになり貸しを作りました。そこで密約されたのは、電通が高額で仕入れている放映権料をＮＨＫには安価で卸《おろ》し、見返りにＮＨＫは大リーグ中継で、スタンド等にＣＧを使って日本企業の広告が多く入るようにすることでした。ＬＡのドジャースタジアムは、あの野茂《のも》の全盛期であってもフェンス等に日本企業のCMはありませんでした。イチローのセーフコフィールドはオーナーでしたからニンテンドーだけ、松井《まつい》のヤンキースタジアムもゼロでした。ところがNHKの独自衛星映像では、数社の日本企業、それもバックネットフェンスにまでCMが映されていました。最近で顕著《けんちょ》なのはフィギュアスケートです、選手の背景に映るリンクのフェンス、海外での開催なのにほとんどが日本企業という魔訶《まか》不思議な光景になっていることがわかります。

NHKが番組制作を子会社であるNHKエンタープライズに依頼すると、NHKエンタープライズは、番組制作会社の総合ビジョン（電通）に丸投げをします。この時点で国民の税金とも言える受信料から、膨大な制作費が電通に入ります。そのうち数％をNHK側関係者にキックバックをして、電通の意のままの番組を制作し、NHKを支配することができます。総合ビジョン（電通）の在日南朝鮮人プロデューサーが反日偏向番組を製作し、NHKを通じて日本国民がそれを見て洗脳されることにもなります。

2、NHKはCMを流さないという大嘘

NHKでは公共放送として、CM枠や放送枠を売ることは法律で禁止されています。しかし番組をNHKが買い取って放送することは可能なため、それをNHKは悪用しています。

ＮＨＫが買い取り放映をする前提で、スポンサーが大金（番組制作費と余剰金）を出して番組制作をＮＨＫ子会社に依頼します。そこで作られた番組をＮＨＫがタダ同然で買い取り放送をするのです。制作費に上乗せされた余剰金が収入になるので、子会社はＮＨＫに安く売っても経営には全く問題がありません。また儲けは子会社の懐《ふところ》だけでなく、多方面への接待費にもなります。国民から受信料を取りながらスポンサーをつけられないはずのＮＨＫは、抜け道的にスポンサーからお金をとりＣＭを放送し続けているのです。ソフトバンクの世界戦略を紹介し、企業の新製品に注目とか、ニュース番組などのコラムにおいて、映画公開時にタイミングよく取り上げる映画コーナー、朝のニュースで場違いな電通が仕掛けた韓流ブームや特ア系の紹介など、さりげなくＣＭを流しています。移植医療の現場を取り上げる形で医療関係の事業紹介という形も多くあります。ＮＨＫはＣＭを流さないというのは嘘です

３、子会社、孫会社が利益を生み出す構図

ＮＨＫには、調べた限りこれだけの子会社、孫会社があります。

「ＮＨＫエンタープライズ21」「NHK Enterprises America Inc.」「NHK Enterprises America Ltd.」「ＮＨＫエディケーショナル」「ＮＨＫソフトウェア」「ＮＨＫ情報ネットワーク」「ＮＨＫプロモーション」「ＮＨＫアート」「ＮＨＫテクニカルサービス」「日本放送出

版協会」「ＮＨＫ近畿メディアプラン」「ＮＨＫ中部ブレーン」「ＮＨＫちゅうごくソフトプラン」「ＮＨＫ九州メディス」「ＮＨＫ東北プランニング」「ＮＨＫ北海道ビジョン」「ＮＨＫ総合ビジネス」「ＮＨＫアイテック」「ＮＨＫ文化センター」「ＮＨＫコンピューターサービス」「ＮＨＫ営業サービス」「ＮＨＫプリンテックス」「共同ビルヂング」「ＮＨＫサービスセンター」「ＮＨＫインターナショナル」「ＮＨＫエンジニアリングサービス」「ＮＨＫ放送研修センター」「ＮＨＫ日本放送協会学園」「ＮＨＫ交響楽団」「ＮＨＫ厚生文化事業団」「日本放送協会健康保険組合」「日本放送協会共済会」「日本文字放送」「放送衛星システム」「ＮＨＫ名古屋ビルシステムズ」「総合ビジョン（電通との合弁）」

公共放送という仮面をかぶったＮＨＫは、再就職して退職金を何度も貰える天下り職場がこんなにあります。この子会社、孫会社は、ＮＨＫ本体よりも巨額なお金が動きます。子会社、孫会社をＮＨＫのＯＢで作り、異常に高い値段で下請けさせて太らせ、職員が天下る構図です。受信料という国民からの税金にも等しいお金を、情報公開の網が届かず自由に使えるお金に化けさせる目的が子会社、孫会社です。一例として、ＮＨＫはＪリーグ放映権を子会社のＮＨＫ情報ネットワーク株式会社から買っています。ＮＨＫが直接権利を買えば済む話なのですが、ＮＨＫからの天下りをその子会社で養ってもらうために、あえて間にかませているのです。
（1）NHKで全国放送することを前提にして、その放送用ビデオ制作を子会社と随意契約する。
（2）NHKは子会社からコンテンツ（放送用ビデオ）を、相応の価格で買い取る。
（3）そのコンテンツの権利は、子会社に置いたままにする。
（4）NHKは買い取ったコンテンツを、全国放送をする。
（5）子会社は全国放送されたコンテンツを、DVD化して全国販売をする。
NHKが全国放送をする、それは無料の大宣伝であり、子会社はその番組をDVD化して大儲けをします。全ての利益は、子会社だけのものです。NHKの受信料を支払っている日本国民の利益ではありません。どこの図書館でもよいので、検索をするとすぐわかります。NHKのビデオを約1000本買って、地域住民に貸し出しをしています。これが全国規模になるととてつもないビデオの数になります。受信料という、元手はただのお金で作っておいていわば原価ゼロ、そのソフトを高額で売りつけているのですから、儲からないわけがありません。

NHKは特殊法人ですから利益は出せません。予算は全部使い切らねばなりません。予算を使い切るために子会社を作り、役員は全てＮＨＫからの天下りです。毎年６５００～７０００億円ものお金を強制的に集めて使い放題、そしてなんといってもその莫大な利益に、一銭の税金もかからないのです。

受信料を流用し中共でホテル経営をして大赤字を出しても、北朝鮮に放送施設を無料で寄付しても、放送技術研究所で莫大な研究費を垂れ流しても、全く意にも介しません。ＮＨＫの事業費はフジテレビとテレビ朝日を足した額です。

職員の海外視察旅行の経費は、全てみずほのコーポレートカードで決済します。飲み食い、お土産、ファーストクラス、ホテル（スイート）等々全てです。

ＮＨＫの収入のうち、国民からの受信料が占める割合は95％です。ということは、ほぼ受信料収入だけでＮＨＫは成り立っています。開発費（番組制作費）のうち95％は視聴者が出資をしたということです。にもかかわらず、視聴者に許された権利は「放送されているものを、１回だけ視聴できる権利」です。自己のみで楽しむ以外、録画もダビングも許されていません。その権利は国民視聴者ではなく、ＮＨＫにあるからです。

４、ＮＨＫの反日、売国

昨年（平成29〈２０１７〉年）の８月の私のツイートです。「昨日のＮＨＫスペシャル、あまりにも無責任というかいい加減な内容。各自ハバロフスク事件とその裁判については調べてください。日本人としての誇りです。しかし番組は捕虜が洗脳された事実を無視し、731部隊の真実として放送。ましてや戦争直後でもありません。反日洗脳印象操作番組、NHKは解体。」

毎年8月はNHKの「反日祭り」が恒例行事となっています。日本を悪者にしたくて必死なのか、日本人を貶めるための洗脳番組とは極めて不愉快です。「NHKスペシャル」でやっていることは、悪質な反日印象操作としか言い様がありません。この番組は、中共の国営放送「中央電視台CCTV」の子会社が運営する「北京メディアセンター」が、NHKスペシャルをはじめとする中共関連番組を製作しています。NHKの子会社であるNHKエンタープライズから「北京メディアセンター」に孫請けされ、制作運営をします。当然ですが反日売国の番組にしかなりません。その製作費は国民からの受信料です、しかしそのソフトの著作権はただで中共企業のものになります。国民は自らのお金で反日放送をしているのです。こんなバカなことがありますか、許されることですか？

5、NHKが最も嫌がること

NHKは世論調査の結果を報じる時に、決まり文句で「RDDという無作為にコンピューターで電話番号を選ぶ方法で……」と注釈をしています。街頭インタビューの時には、どのようにして対象者を選び、何人からどのような回答を得たか等については、一度も説明をしていません。果たして本当に無作為に回答者を抽出しているのでしょうか、それとも何か基準があるのでしょうか。それとも回答の内容によって、選別して放送をしているのでしょうか。合理的根拠を明らかにしないで放送をすれば、まさしく情報操作です。街頭インタビューは、間違いなく世論調査の性格を持つものですから、その点を明確・厳格にすべきです。ましてやNHKは国民の受信料により運営されている公共放送です。

ここまで読むと、受信料を支払っている国民としてNHKに怒りで溢れると思います。そこでその怒りを静めるべく、井上太郎からの提案、いやお願いです。

NHKは、電話での抗議等ぐらいでは、全然堪《こた》えません。NHKが一番視聴者にされたくないことは、情報公開請求です。正式にNHKに文書で情報公開請求をすれば、NHKはそれに対し1ヶ月以内に、必ず文書で回答をしなければなりません。

「紅白歌合戦の番組提案書をください、人選の基準を示してください、政治家から入場券をもらった人もいます、抽選の透明度をあげるために公開抽選をすべきです」

「関連会社からの見積書を見せてください」

「経営企画室の経費一覧を見せてください」

「全国図書館にあるNHK番組のDVDの内容と総数と販売単価を公開してください」

「受信料で制作したDVD（原価ゼロ）を有償で販売した利益を還元してください」

「NHKスペシャル、ハバロフスク裁判での資料一覧を見せてください」

「日本の公共放送なのに、中共の国営放送の子会社に制作を依頼する理由を教えてください」

「街頭インタビューにおける無作為抽出の方法を明示してください」

どんな疑問でも質問でも構いません、必ず文書にてNHK会長宛てに情報公開請求をしてください。NHKは、文章に残るものは裁判や国会での証拠になるため、うかつな対応は出きません。電話では聞いただけで終わります。皆さん、どんなつまらないことでも構いません、どんどんNHKに情報公開請求をしてください。

八、マスメディアの何が問題か

1、大新聞と権力の癒着、そして既得権益に守られている

新聞の報道が捏造をし、偏向報道になる原因は四つあると思います。日刊新聞紙法という

法律、再販規制、軽減税率です。それにプラスして、新聞社の社屋のため国有地の売却です。日本の新聞社の多くが、総務省から国有地を安く払い下げてもらい、社屋を建設しました。新聞社は、優遇措置を国から受けてきた歴史があります。大手町や築地、竹橋などの一等地に新聞社が建ち並んでいるのは、そのような理由です。新聞社と権力の癒着の根は相当深いと思います。

各省庁から資料を貰って、各社申し合わせて役所の指示通りに秘密を守り、役所の広報課長の見守る中で、各社で取材の分担を決めることは、談合そのものです。

2、日刊新聞紙法とは

新聞を既得権まみれにしている法律、それが日刊新聞紙法です。とても短い法律で、正式には「日刊新聞紙の発行を目的とする株式会社の株式の譲渡の制限等に関する法律」と言います。法律名がこの法律の全てで、「株式は譲渡されない」ことしか書いてありません。新聞会社の既得権の最大のものです。すごく変わっている法律で、世界にこのような法律は日本にしかありません。株式は、原則として譲渡制限がありません。譲渡制限がないから、いつ何時オーナーが代わる可能性があります。オーナーが代わり得るということは、現在のオーナーはのうのうと安住できません。会社の緊張感が保たれ、きちんとした経営になります。

しかし日本の新聞社の株式は、日刊新聞紙法によって譲渡制限が設けられています。譲渡制限があるとどうなるか、朝日新聞を例にしてみます。朝日新聞は、村山《むらやま》家と上野《うえの》家が代々ずっとオーナーとして存在する企業です。株式の譲渡が制限されているので、オーナーが代わることはありません。完全に経営者が代わらないと、オーナーがどんな意見を言うか言わないかで、経営方針をはじめとする会社の全てのことが決まってしまいます。ただし、新聞社のオーナーは現場に意見を言わないケースがほとんどです。すると現場の社長が経営の全てを握ります。絶対にクビにならない社長になり、新聞社が既得権益集団になっていきます。株式が譲渡されない安泰《あんたい》な経営の中で、オーナーも口出しをしないので、経営陣には何のプレッシャーもかかりません。そうして経営トップがいつまでも大きな顔をし続けることになります。

その新聞社がテレビ局の株式を持っています。朝日新聞ならテレビ朝日、読売新聞は日本テレビといった具合です。そうすると、テレビ局も新聞社と同じように、全くコーポレートガバナンスが利かなくなります。新聞社を頂点として構成されたマスメディアは、既得権の塊になっているということです。

テレビ局も既得権化している理由は、地上波放送事業への新規参入が実質的に不可能なことにあります。総務省の認可を受けた場合にしか、テレビ放送事業はできません。放送法による免許制度が、テレビ局を既得権まみれにしている最大の原因です。

放送業者は免許行政の下にありますが、問題は直接言論の自由に関わることであり、電波は国民の財産ですから、国民万人に公平に機会が確保されなければ法の下の平等に反します。現状の免許は、特定の業者が半永久的に免許を受け、他の国民は免許を受ける機会が全くと言ってよいほどありません。これでは公平公正な免許行政のあり方と言えません。

特に地上波テレビとBSテレビは、同じ業者が重複して免許を受けており、実質的に彼らを特権階級にしているに等しく、極めて不公平です。言論の自由は特定業者の無制限の自由ではなく、全国民の自由でなければなりません。全国民の平等を確保するために、一定の制約が必要であれば、平等に甘受《かんじゅ》すべきです。既得権者のみの無制限の自由は本当の自由ではなく、反《かえ》って自由の制約として排除されるべきです。

従って免許を与えるに際しては、第一に公平を考えるべきです。言論の自由に関わる問題であり、最も重要な基準です。インターネットのように希望する者全てが発信することができず、放送局の数に制約があるなら、一定の最低限必要な要件を満たす者に対して抽選とか、交代制を採用すべきです。また、免許の更新に際しては、視聴率の高低を考慮に入れることも有効だと思います。

3、電波オークションの必要性

電波オークションとは、電波の周波数帯の利用権を競争入札にかけることです。日本では電波オークションが行われないため、電波権利のほとんどを、既存のメディアが持っています。地上波のテレビ局が、CS放送もBS放送もと三つも四つもチャンネルを持ちます。電波オークションがないので利権がそのままになり、テレビ局はその恩典にどっぷりと浸ります。テレビ局は「電波利用料を取られている」と主張しますが、その額は数十億円程度です。

電波オークションを導入すれば、毎年平均で数千億円、多い年は1兆円を超える収入が得られると推定されています。実際、各国でも数兆円規模の周波数落札の事例が多数見られます。現在のテレビ局は極めてわずかな費用で、国民の財産を独り占めという特権を手にしています。

テレビ局からすると、絶対に電波オークションは避けたいことです。そのために、放送法・放送政策を管轄する総務省に働きかけます。総務省も実際に電波オークションを実施すれば、その分収入があるのは充分理解しています。それをしないのは、テレビ局は新規参入を防いで既得権を守るため、総務省は「ある目的」のために、互いに協力関係を結んでいるからに間違いありません。政府の規制改革推進会議の答申案では、「電波オークション制度の導入については、業界団体などから慎重な意見が出ていることを踏まえて、継続課題にする」としています。

ただ同然の電波利用料で暴利を貪《むさぼ》っているテレビ局などの業界団体が「電波オークション制度」の導入に反対するのは当たり前です。既得権益を有するテレビ局などの業界団体の意見を踏まえていたら、規制改革など何もできません。テレビ局は「外資規制ができないという安全保障上の問題も出てくる」などと主張していますが、「安全保障上の問題」を重視するのであれば、株主の外資規制よりも、むしろ役職員の外国人（在日中共・朝鮮人）について厳しく規制するべきです。前項目で記述した日刊新聞紙法という前例がありますから、ここにテレビ局を加えてもいいし同様の法律を放送業界でも適用すれば解決をします。

電波オークションは、ＯＥＣＤ加盟の先進国34カ国中31カ国で実施する世界では当たり前の制度です。既得権益を有する業界団体の意見など踏まえず、一刻も早く岩盤規制を打破し、テレビ局に競争原理を働かせるべきです。世界を見渡しても「電波オークション」がない国は、北朝鮮と中共と日本など指折り数えるだけです。消費税率を引き上げ国民から血税を巻き上げるのではなく、社員の平均年収が１５００万円以上のテレビ局から諸外国並みの電波利用料を徴収すべきです。

4、放送法の大問題

そこで大切な問題が放送法です。昨今マスメディアによる捏造、偏向報道が話題になっています。放送事業者は、国内放送及び内外放送の放送番組の編集に当たっては、次の各号の定めるところによらなければならないとされています。

一　公安及び善良な風俗を害しないこと。

二　政治的に公平であること。

三　報道は事実をまげないですること。

四　意見が対立している問題については、できるだけ多くの角度から論点を明らかにすること。

これを根拠に、政府側は「放送法を守り、政治的に公平な報道を心がけよ」と言い、さらに電波法76条に基づく「停波」もあり得ます。しかし左翼連中は、放送法4条は「倫理規範だ」と主張しています。つまり単なる道徳上の努力義務しかない、と反論をしています。バカな主張で、それなら何も法律で規定する必要はありません。民主主義の結果です。放送法を守れ、とかこれは倫理規範だ、などという生産性のない低レベルの議論など無意味です。ただ市場原理に任せ、自由競争をすればいいだけです。そうすれば良い番組だけに自然淘汰《とうた》されます。

5、新聞の再販の問題点、専売店による宅配制度

日本の新聞市場で、新聞発行事業者の新規参入が全くと言ってよいほど進まない背景には、新聞会社が宅配網を独占していることがあります。新規事業者は新聞を契約者に届けるために、一から宅配網を新設しなければならず、採算が合いません。新聞の流通が大手新聞企業によって押さえられ、自由な新聞の流通市場が存在しないからです。独占禁止法の観点から自由競争を阻害している業界の悪習を除去し、公正な自由競争市場を実現することが絶対に必要です。

新聞会社は、多くが個人商店と変わらない零細小売店を支配しており、優越的な地位を利用した不公正な商取引慣行と言えます。

イ、再販制度により、指定価格を小売店に強制しています。

ロ、押し紙と言われる商品を、小売店に押しつけ販売しています。

ハ、他紙との併売を認めない排他的専売店であることを強要しています。

ニ、新聞会社の干渉により経営規模の拡大が進まず、零細経営が近代化を阻害しています。昔から何の変化もないままの新聞宅配業です。例えば郵政事業や宅配業者との兼業も絶対可能です。

ホ、宅配新聞は、情報伝達の速度、量、コストなどあらゆる面でデジタル新聞に劣ります。

政府は新聞のデジタル化を推進すべきです。

新聞市場に健全な競争環境が実現すれば、宅配新聞は消滅し、新聞会社による流通支配の問題も消滅するのではないでしょうか。

新聞が大部数を維持し続け、廃刊に追い込まれないのはなぜでしょうか。それは新聞業界に自由競争がないからです。専売店による宅配制度により販売され、そこに大きな問題があります。

この制度は国民の言論の自由を大きく損なっています。メーカーである新聞社が販売店を完全に支配している排他的な流通制度です。新聞業界に新規に参入しようとすれば一から全国に宅配網を作らなければならず、実際は不可能です。そのため日本では新しい新聞が発行されることはありません。

宅配制度の下での無期限購読は、店頭で商品を選ぶのと違い、消費者が商品を比較検討、選択をする機会がありません。新聞自身の商品内容、他紙との違い等を訴える広告は全くありません。新聞のセールスマン（拡張員）が来ますが、しつこさと、強引さを競うだけで、商品の説明は全くなく、消費者には大変迷惑な存在です。月に一度の休刊日も各社一斉で、他の新聞を読むこともままなりません。店頭販売をせず、訪問販売のみという商品は、比較検討をして選択をする余地がないか、あっても非常に限られ消費者にとっては不利益です。一度定期的な購入を始めると、購入見直しのきっかけが中々ありません。いかんせんその商品しか知らないし、それも多くが押しつけられているからです。

宅配制度（一種の訪問販売）は新聞社が読者に強いていると言えます。なぜなら新聞社が新聞の値上げの都度《つど》、値上げの理由として宅配制度の維持を挙げるように、宅配はコストがかかります。宅配の人件費がない、スタンド売り（店頭販売）の新聞はもっと安いはずです。ところが日本の新聞価格は、配達料込みの宅配の方が安いのです。安いスタンド売りがいいか、便利ですが値段の高い宅配がいいか選択の余地はありません。消費者に選択の自由があれば新聞の流通も変わります。店頭売りが増えれば、読者の選択の機会も増え、誰も読まない新聞が大量に発行されることはなくなります。

多くの人が新聞を宅配により定期購読しており、他の新聞に何と書いてあるかほとんど知らないのが現状です。自分の読んでいる新聞に誤りがあっても、それに気づく機会は極めて少ないのです。店頭で新聞を見比べて買うことはないし、新聞のコマーシャルもありません。新聞が売れるかどうかは読者の選択よりも、専売店の数とその営業力によって決まります。

朝日新聞の虚報や偏向報道を根絶するためには、良い新聞が売れ、悪い新聞は売れないという市場経済の原理が働く市場環境を作ることが必要です。

新聞購読のきっかけは拡張員の勧誘が多数を占めていますが、この拡張員は商品の説明、PRを全くせず、ひたすらしつこさと強引さを競います。部数が多いということは、強引な拡張員を多数抱えていることの証明であり、多数の読者の支持を得ている証明ではありません。新聞販売店の高額な景品が問題になりますが、現在の日本では新聞は景品の多寡《たか》で部数の競争をしており、価格や品質（コンテンツ）で競っているのではありません。決して人気があるとは思えない新聞が大部数を維持しているのは、ひとえに専売店による宅配制度です。

消費者の利益のためには、新聞業界に真の自由競争を実現しなければいけません。

・新聞の再販制を禁止し価格競争をさせる。新聞社だけでなく販売店間の競争も必要。
・専売店制度を禁止し、販売店が新聞社の支配を脱し、どの新聞も自由に扱えるようにする。
・新聞の店頭価格と配達料の内訳を明らかにし、所定の配達料を払えばどの新聞、雑誌も自由に配達できるようにする。配達料は販売店が自由に、独自に決定する。

6、記者クラブの存在

閉鎖的な記者クラブは言論の自由を損なうだけでなく、業界の談合、取材対象である官庁との官民癒着の温床となっているため、直ちに廃止すべきです。記者会見は会見者側が主催をし、業界側の主催としないことです。

記者会見は会見者が記者の質問に答えるという形式で、会見者が国民に説明する場とし、記者との議論の場ではないことを明確にする必要があります。主催者側の制止を無視する記者には退場を命じるべきです。官報のデジタル化を皮切りに、総合的な政府広報サイトを創設し、業界の寡占・談合体質に一石を投じるべきです。全ての情報を最初に発表をするのは、デジタル版の政府広報（旧官報）にすることです。近年は宅配新聞を購読しない若者が増えており、情報伝達の不公平をなくさないといけません。

大新聞社は国や自治体、大企業に情報公開を迫る一方で、自分たちは閉鎖的な記者クラブで得た情報の独占と隠匿《いんとく》を図っています。排他的な記者クラブの存在は、明らかに独占禁止法に違反し、不公正な商取引慣行に該当します。限られた少数の者に対する不明朗な情報提供は、かつての大蔵省の銀行業界に対する癒着と全く同質のものであり、権力が情報操作をすることを容易にします。

記者クラブの規約はなぜ非公開なのでしょうか。新聞業界は他人に対してはいつも「開かれた○○」になることを求め、情報を公開しない者に対して、閉鎖的であるとか秘密主義であると言って批判をしています。一方自らの取材活動や記事については、国民の知る権利を盾に、あらゆる規制から免責される特権を主張します。秘密主義を批判し、国民の知る権利を尊重するなら、記者クラブの規約は率先して公開をすべきです。一般の人に何か知られて困ることがあるのでしょうか。各地の記者クラブは公共の建物の一角を無料で占有しており、公平かつ民主的に運営されているか、消費者の利益に反するカルテル行為がないか、国民は知る必要があります。

7、マスメディアの世論調査の不思議

アメリカのマスコミは頻繁に、かつタイムリーに世論調査を行っています。その調査結果はアメリカの政治、外交に大きな影響を与え、国民の多数意見を政治に反映させる大きな原動力になります。当時クリントン大統領を議会による弾劾《だんがい》から救ったのは、世論調査の結果に他なりません。マスコミの世論調査が、健全な民主主義の政治を支えていると言えます。

アメリカの世論調査は、質問の内容、回答の選択肢がいずれも、極めて単純、明快です。質問に対する回答は、イエス、ノーであり、質問の内容、回答の選択肢が単純、明快ということは、質問そのものが回答をある方向へ誘導する恐れがなく、回答結果が様々に解釈される

余地もありません。

一方、日本の世論調査というと、一回の調査での質問の数が多く内容も複雑で、しかも相互に関連する質問があるので、調査票全体を見て、考えてからでないと中々答えられません。一つ一つの質問の文章が解説つきで極めて長く、調査票全体が質問者の意志や意向を反映する構成になっています。

回答の選択肢が単純なイエス、ノーではなく、複数ある選択肢から選ぶものが一般的です。選択肢そのものが、すでに質問者の意向が反映された内容になっています。その選択肢の中には、「ある程度」とか、「どちらかと言えば」とか、曖昧《あいまい》な表現が多く含まれています。

日本の新聞社の世論調査は質問と、回答の選択肢が単純、明快、客観的ではないため、調査結果を集計しても、明確な形で国民の多数意見が浮かび上がってきません。そのため新聞社の集計結果が、様々な解釈ができる余地が生まれます。それがこのような世論調査をする目的ではないでしょうか。世論調査結果を報じる新聞を見ると、調査結果そのものより、解説というか解釈した記事の方が、はるかに大きなスペースを占めているのはそのためです。

日本のマスメディアは単純、明快な質問では自分たちの意に沿う結果が出にくいことがわかっており、質問と回答の選択肢を工夫し、自分たちに都合の良い解釈をする余地を残しておくために、あえて単純で、明快ではない、苦心して作った質問をするのです。

日本のマスメディアによる世論調査の目的は、アメリカのマスコミとは異なり、国民の多数意見を政治に反映することではなくて、自分たちの意見を政治に反映することであり、彼らはそのために世論調査を悪用していると思います。

朝日新聞は、集団的自衛権について説明をしたうえで、憲法の解釈を変えて集団的自衛権を行使できるようにすることに「賛成」か「反対」か、二択で尋ねています。結果は多少異なるものの、いずれも「反対」が「賛成」を上回るという傾向は一致していました。一方、毎日新聞、産経新聞・FNN、読売新聞の調査では選択肢は三つありました。集団的自衛権の行使を必要最小限に限るとする、いわゆる「限定容認論」を選択肢に加えたのが特徴で、「全面的に使えるようにすべきだ」「必要最小限の範囲で使えるようにすべきだ」「使えるようにする必要はない」といった三択になっています。こうしたうえでの結果を見ると、「全面」賛成派は1割前後にとどまりますが、「限定」賛成派は最多の4～6割。反対派は2～割でした。「全面」と「限定」を合わせると、賛成派は反対派を上回ることになります。

二択では反対派が多数なのに、三択になると賛成派が多数になるのはなぜでしょうか。まず、三択で賛成の選択肢が二つあり、反対の選択肢が一つと選択肢の数が異なると、選択肢の多い方が回答の比率は高くなるという傾向があります。

「世論調査は、質問の仕方（設問の設定、回答選択肢の設定）で大きく左右される（どうにでもなる）」ということを、マスコミの当事者自身が認めたということです。

朝日新聞は選択肢の数だけを捉えて、あたかも自社の「賛成」「反対」だけの単純な回答選択肢の方が客観的、公正であるかのように主張していますが、朝日新聞の世論調査はいつも「賛成」「反対」の2者択一ではないことは、本章の四の4、で明らかです。今回はたまたま、反対が多いという結果を出したかったがために、「賛成」「反対」の2者択一にした可能性が充分あります。他人を批判する資格などありません。

終わりに

反日の大きな理由の原点にＧＨＱがありました。ＧＨＱ批判をテーマにしたわけではなく、反日の原点を知ることが反日勢力や左翼に対抗するというより以前に、日本人としてしっかり理解することが必要だと思いました。原因と理由がわかれば、おのずとどうすれば良いかも理解することができます。

ＧＨＱは確かに戦後の日本にとって最悪最低でしたが、その後のアメリカはどうかといえば、わが国とは日米安保条約を締結し、ずっとアメリカにより日本の平和は守られてもきています。それもＧＨＱの影響と言えばそうであり、アメリカとどうのこうのではなく、他人の力に頼らず真の独立国家として自国の安全平和は自国で守る、それが当たり前のことであり絶対にそうしなければダメということがよくおわかりになるのではないでしょうか。アメリカと対等な関係になるということが、あのＧＨＱからの完全な離脱を意味し、その呪縛《じゅばく》からも解放されることになると思います。

日本は間違いなく日本人のものです。もちろん日本の力で世界貢献をすることは同じ地球の一員として必要であり大切なことですが、ただ隣国だというだけで中韓に対してだけ何か特別なことをしなければならない理由は全くありません。日本は両国に、もう何も謝罪することも感謝することも、ましてや支援してあげる必要もありません。もしあるとすればそれはこれからの将来に対し、全く同じ気持ちを持って共に進んで行こうと素直な合意ができれば、お互いに協力をしあうことは可能になると思います。ただ今は、まだまだとてもそのような状況には絶対になっていません。

今世紀に入りネットの普及による最大の功績という効果は、マスメディアの本質に迫れたことです。いかに日本のメディアが岩盤どころか鉄の塊のような既得権益に守られているかが、多くの国民の知るところにもなりました。このマスメディアもまたＧＨＱの呪いにかけられ続けています。日本を取り戻すには、マスメディアを国民の手で真のマスメディアとして生まれ変わらせなければいけません。

戦後70年が過ぎ、いつまでも戦後を背負っていては我々の子孫に対し胸を張ることができません。我々のために命を懸けて戦ってくださった先人に対して顔向けができません。最後にこの著作にあたり考えてみれば、井上太郎の好き勝手なことを述べただけかもしれません。ですがわたくし井上太郎は、日本に生まれ育ったこと、日本人であること、日本人として誇りを持っていること、そして何より心底日本を愛しているということに間違いはありません。

これまで本当に日本と日本人を守るために命を懸けて職務にまい進したことも事実です。残念ながら現在明確に井上太郎がどんな人物であるかを明かすことはできません、それが日本における諜報インテリジェンスの世界です。

これまでのツイート、ブログそして購読記事、5作目になる著作などは、私の知る得ることのほんのごく一部にすぎません。そして残りのほとんどの部分は絶対に公表できるものではありません。諜報インテリジェンスにおける情報とは、日本においてその職務に携わる何万人による数百万数千万にも及ぶ情報により、点と点が線としてつながり、そして一つの情報となります。しかしその情報が日本のために役に立つ確率となるとそれはゼロかもしれないし、そしてその可能性の方がはるかに高いかもしれないものです。その情報が役に立たなかったことが、むしろ日本の平和と安全なのかもしれません。そしてどれだけの情報を持っているか、計り知れないそのコンテンツが他国にとっての脅威ともなり得ます。核は使えない兵器ですが、諜報インテリジェンスは充分に使える兵器ともいえる価値を持ちます。自衛隊が装備で国と国民を守るのに対し、諜報インテリジェンスは情報で国と国民を守ります。そうした情報の数万いや数十万のうちの一つでも、日本と日本のためになればという世界です。そんな情報のために、本当に命まで危険にさらし職務にまい進するのが諜報インテリジェンスです。日本と日本国民のためならこの道を目指した人間として、自分1人の命など全く惜しくはないとの信念だけが、人には絶対に言うことのない誇りです。

課報機関という組織には縦割りも横割りも存在しません。そんな次元の低いレベルでは、とても課報機関の組織として機能はしません。場合によっては日本と日本人の国益のために、高度の判断により単独行動もすれば、法律や規則等も気にしません。そんなことを気にしていてはとても日本と日本人を守ることはできないのです。ただ日本と日本人を守る、その信念だけで行動をしています。

日本は世界から賞賛をされています。中共、半島には世界から日本のように賞賛される話は一つもありません。日本に生まれ育ったことに心から満足し感謝をしています。先人の恩に報い後世に伝えていくために、私は守るだけではなくこの身を懸けても戦い抜きます。代償を求めない日本に、日本人として誇りを感じます。

この著作が少しでもお役に立てれば幸いです。皆さんと共に、強い日本を取り戻しましょう。どうもありがとうございました。

参考・引用文献
東京大学歴史編纂室資料・東京大学東洋文化研究所・産経新聞電子版・朝日新聞電子版・読

売新聞電子版・日本経済新聞電子版・琉球新報電子版・沖縄タイムズ電子版・電子版八重山日報・八重山毎日新聞電子版・世界新報社電子版・朝雲新聞電子版・iRONNA・夕刊フジ・ZAKZAK・SankeiBiz・iZa・日刊ゲンダイ電子版・日刊スポーツ電子版・スポーツ報知電子版・サンスポ電子版・共同通信電子版・時事通信電子版・聯合ニュース電子版・朝鮮日報電子版・中央日報電子版・東亜日報電子版・韓国毎日経済新聞電子版・ソウル新聞電子版・京郷新聞電子版・統一日報電子版・大紀元日本語電子版・新唐人電視台・人民日報電子版・新華網電子版・チャイナネットJapan・レコードチャイナ・サーチナ・東方網電子版・北京週報日本語電子版・新華社経済ニュース・Taiwan Today・AFP通信電子版・ロシアの声電子版・Voice of America電子版・The New York Times電子版・Washington Post電子版・Financial Times電子版・東京大学新聞Online・KBS（韓国国営放送）・雑誌「正論」「文藝春秋」http://www.kcn.ne.jp/~ca001/index.html・Wikipedia。

一応もれなく掲載したつもりですが、もし不都合があればご連絡いただきたくお願い申し上げます。

井上太郎@kaminoishi（いのうえたろう）

検察か？　公安か？　内調か？　自衛隊の中央情報保安隊か？　現在、Twitterで絶大な支持を得ている、正体不明の謎のアカウント。その的確かつ内容の濃いツイートは圧倒的なRT率を誇る。著書に『日本のために』『諜報機関』『井上太郎最前線日記』『豊洲利権と蓮舫』（小社刊）。

公安情報

平成30年3月10日　初版発行
平成30年3月22日　第3刷発行

著　者　井上太郎
発行人　蟹江　幹彦
発行所　株式会社 青林堂
〒150-0002 東京都渋谷区渋谷3-7-6
電話 03-5468-7769
装　幀　奥村　靫正 TSTJ Inc.
印刷所　中央精版印刷株式会社

ISBN978-4-7926-0616-9

青林堂刊行書籍案内

なぜ私は左翼と戦うのか
杉田水脈
定価1000円（税抜）

日本の真実50問50答
わかりやすい保守のドリル
和田正宗
定価1200円（税抜）

中小企業がユニオンに潰される日
ユニオンとブラック社員
田岡春幸
定価各1000円（税抜）

余命三年時事日記
余命三年時事日記2
余命三年時事日記
共謀罪と日韓断交
余命プロジェクトチーム
定価各1200円（税抜）